한국어
첫걸음
개정 3 판

韓国語の初歩
三訂版

白水社

この教科書の音源は白水社ホームページ(www.hakusuisha.co.jp/download/)からダウンロードすることができます(お問い合わせ先:text@hakusuisha.co.jp)。

イラスト・水野朋子,朴民宜　　写真・韓国観光公社
音声ナレーション・李美賢,李泓馥

はじめに

　本書は第二外国語で韓国語初級を学ぶ大学生向け教科書として制作したものです．そのため一年間の講義（１課につき週１コマ）を前提とした構成になっています．

　本書の構成上の特徴は以下の通りです．

　第一に，日本語を母語とする人が韓国語を学ぶ際，もっとも難しく感じられるのは発音です．特に発音変化については，慣れるまで時間がかかります．本書では本文の対話のうち，発音変化が起こる部分については正しい読み方を逐一本文末尾に添え，習得の便宜を図っています．発音については，ダウンロード音源もぜひ活用していただきたいと思います．

　第二に，現在の韓国ではほとんどすべての表記がハングルのみで行われており気づきにくいのですが，実際には多くの単語が漢字語です．したがって日本語を母語とする人にとっては，元の漢字表記を知っておくと覚えやすい単語が少なくありません．そこで本書では，各課の新出単語のうち漢字語に下線を付し，元となる漢字表記を示すようにしてあります．韓国語の漢字音に早く慣れておけば，語彙力のアップに非常に役に立ちます．

　第三に，外国語の習得にはその地域の文化や社会事情への理解が欠かせません．本書では韓国の生活文化や社会事情・歴史に至るさまざまなトピックについて，各課ごとにコラム形式で紹介しています．韓国文化への知識を広げ，実のある語学学習を進める上でのきっかけとしていただければ幸いです．

　第四に，本書の学習にあたっては，市販の辞書は特に必要ではありません．本書では各課ごとに単語リストが付いており，巻末にも単語索引（韓日・日韓）を掲載しています．これらの単語を覚えていただければ，初級レベルの学習には十分です．

　第五に，文法事項については「ㄹ語幹」を早い段階に取り入れたほか数字（58〜59頁）助詞（72〜73頁）の解説と練習の頁を設けてあります．各課の必要に応じて該当する頁に戻って学習に活用してください．

　第六に，今回の改訂にあたって１〜10課の練習問題について旧版以上に厳密に初級で必須とされる重要単語に限ることで，11課以降の学習につながるようにしています．11課以降の練習問題は反復練習を念頭におき，なるべく難易度に応じた順序となるように配列を工夫してあります．また，初版時からの状況変化を考慮して，各課のコラムの内容を一部修正しました．

　最後に，今回の改訂に様々な意見を出してくださった兼任の先生たちに心から感謝申し上げます．

著者一同

目　次

文字と発音

ハングルの仕組みおよび文章構造		7
第1課	母音（1）	8
	① 韓国語とハングル	
第2課	子音 ㄱ ㄷ ㅂ	11
	② 朝鮮半島の歴史と地理	
第3課	子音 ㅅ ㅈ ㅎ	14
	③ 朝鮮半島の行政区分	
第4課	子音 ㄴ ㄹ ㅁ ㅇ・母音 ㅔ ㅖ	17
	④「韓国語」と「朝鮮語」	
第5課	子音 ㅋ ㅌ ㅍ ㅊ・母音 ㅐ ㅒ	20
	⑤ 伝統の衣服	
第6課	子音 ㄲ ㄸ ㅃ ㅆ ㅉ	23
	⑥ 伝統の食文化	
第7課	母音（2）	26
	⑦ 住居生活	
第8課	終声（パッチム）	29
	⑧ 公共交通文化	
第9課	発音の変化	32
	⑨ 伝統の祝日	
第10課	単語の調べ方および日本語のハングル表記方法	36
	⑩ 話してみましょう！	

会話と文法

第11課	대학생입니까?	40
	【1】「～は」～는 / 은　【2】「～です」～입니다.「ですか」～입니까?	
	⑪ 伝統芸能	
第12課	회사원이 아닙니다.	46
	【1】「～が」～가 / 이　【2】「～ではありません」～가 / 이 아닙니다.	
	⑫ 韓国の武道　　　　　「～ではありませんか」～가 / 이 아닙니까?	
第13課	어디에서 배웁니까?	52
	【1】「この・その・あの・どの」이・그・저・어느	
	【2】「動詞＋ます，形容詞＋です」～ㅂ니다. / 습니다.	
	【3】「動詞＋ますか，形容詞＋ですか」～ㅂ니까? / 습니까?	
	⑬ 民間信仰	
数詞のまとめ		58
第14課	덥지 않습니까?	60
	【1】用言の否定表現　～지 않다　【2】用言の否定表現　안～	
	【3】「～と」～와 / 과	
	⑭ 韓国の宗教	
第15課	생일이 언제예요?	66
	【1】「～です」～예요. / 이에요.「～ですか」～예요? / 이에요?	

	【2】「～ではありません」～가/이 아니에요.	
	「～ではありませんか」～가/이 아니에요?	
	15 世界文化遺産	
助詞のまとめ		72
第16課	어디 살아요?	74
	【1】「動詞＋ます，形容詞＋です」～아요. / 어요. / 여요.	
	「動詞＋ますか，形容詞＋ですか」～아요? / 어요? / 여요?	
	【2】母音語幹の場合に起こる縮約	
	16 韓国の歴史名所	
第17課	선생님 계십니까?	80
	【1】합니다体の尊敬表現　～시 / 으시～　【2】特殊な尊敬語	
	【3】「～へ / で」～로 / 으로	
	17 韓国の美術	
第18課	무엇을 찾으세요?	86
	【1】해요体の尊敬表現　～세요 / 으세요	
	18 建国神話	
第19課	뭘 했어요?	92
	【1】用言の過去・完了表現　～았 / 었 / 였～	
	【2】母音語幹の場合に起こる縮約　【3】指定詞とその過去形	
	19 歴史上の人物	
第20課	뭘 드시겠어요?	98
	【1】用言の意志・推量・婉曲表現　～겠～	
	【2】「～が好きだ（嫌いだ）」～를/을 좋아하다（싫어하다）	
	20 両班について	
第21課	몇 시에 만날까요?	104
	【1】「～（し）たい」～고 싶다 【2】「～（し）ましょうか」～ㄹ까요? / 을까요?	
	【3】「～（し）ましょう」　～ㅂ시다. / 읍시다.	
	21 前近代の日朝交流と朝鮮通信使	
第22課	수영을 하고 있어요.	110
	【1】「～（し）ている」～고 있다 【2】動詞の不可能表現　～지 못하다	
	【3】動詞の不可能表現　못～ 【4】「～が上手だ」～를/을 잘하다	
	22 近代の朝鮮半島と日本	
第23課	우리 집에 한번 놀러 오세요.	116
	【1】用言の並列・先行・様態表現　～고 【2】用言の逆接表現　～지만	
	【3】「～（し）に」　～러 / 으러 【4】「～に会う」　～를/을 만나다	
	23 現代韓国の政治	
第24課	시청에서 가까워요?	122
	【1】「～（す）れば」　～면 / 으면 【2】ㄹ語幹用言 【3】ㅂ変則用言	
	24 韓国語学習とインターネット	
付録	変則活用用言　主な語尾　用言の連体形	129
単語索引（韓日・日韓）		135

本書の構成と使い方

　本書は発音編（1課～10課）と文法編（11課～24課）で構成されており，発音編では文字と発音を，文法編では簡単な会話文を中心に，基礎文法を学ぶようになっています．また，文法編は「本文」－「発音」－「単語」－「文法と表現」－「練習問題」の順で構成してあります．

・会話文の中で発音変化がある場合，前と続けて発音すべき箇所は，会話文のあとに正しい発音をカッコ［　　］の中に示しました．
・「単語」項では，意味以外の特別な事項については◆印以下に必要な解説を加え，「文法と表現」項で再び説明を加える場合は，☞印と該当の項目番号を付しておきました．
・「単語」，「文法と表現」項でほかの課の内容と関連した事項については，☞印以下に該当の課を示して参照できるようにしてあります．
・「単語」のうち漢字語は，該当漢字に下線が引いてあります．また，日本語と異なる漢字を使っている場合は，カッコ（　　　）内に正しい表記を示してあります．
・「練習問題」の最後にある質問は，その課の単語とその意味を正しくつなげる問題です．単語暗記のためのチェックにも活用できます．
・文法編末尾の「付録」には，本文で割愛した文法事項のうち，本文の学習内容に基づいて応用できる範囲の事項をまとめておきました．作文の時などに活用してください．

　本書には音声の用意があります．韓国語の発音の難しさを克服するために，まずはダウンロードして大いに聴いてみることをお勧めします．好きな歌を覚える要領で，まず繰り返し聴いて耳を慣らしてから，発音練習をしてみてください．

ハングルの仕組みおよび文章構造

韓国語はハングルという文字で表記します．ハングルは「○」や「ト」など，それぞれの記号が子音や母音を表しており，シンプルかつ合理的な構造でなりたっています．1音節（「子音＋母音」または「子音＋母音＋子音」）を一文字にまとめて書きあらわす表音文字です．

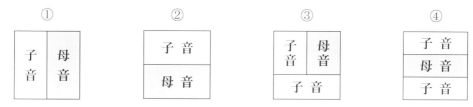

子音字と母音字の組み合わせ方は，①母音が子音の右に来るパターン，②母音が子音の下に来るパターン，①と②の下に一つまたは二つ子音が来る③または④のようなパターンにまとめられます．

①	②	③	④
子音|母音	子音 / 母音	子音|母音 / 子音	子音 / 母音 / 子音

文の構造は日本語とよく似ています．

日本語	私	は	三村	です．
ハングル	저	는	미무라	입니다．

①語順

「私」に当たる単語の後ろに「は」にあたる助詞が使われ，「です」にあたる丁寧な表現もあります．このように日本語と大変よく似ています．

②語彙

韓国語の語彙は，固有語（서울：ソウル），漢字語（한국：韓国），外来語（라디오：ラジオ）で構成され，この点でも日本語とよく似ています．ただし韓国では現在，漢字語もハングルで表記するのが一般的になっています．

③分かち書き

日本語と異なり，次のように文節ごとに分かち書きをします．助詞，語尾，補助語幹などの従属部分は前の単語に付けて書きます．

저는　한국어를　공부합니다．
私は　韓国語を　勉強します．

第1課　母音（1）

　この課では，基本母音である ㅏ[a]　ㅑ[ja]　ㅓ[ɔ]　ㅕ[jɔ]　ㅗ[o]　ㅛ[jo]　ㅜ[u]　ㅠ[ju] ㅡ[ɯ]　ㅣ[i] の10個について学ぶことにします．

発音の要領)))

ㅏ	[a]	日本語の［ア］とほぼ同じ発音です．
ㅑ	[ja]	日本語の［ヤ］とほぼ同じ発音です．
ㅓ	[ɔ]	口を広く開けて，［オ］と発音します．
ㅕ	[jɔ]	口を広く開けて，［ヨ］と発音します．
ㅗ	[o]	口を丸めて［オ］と発音します．
ㅛ	[jo]	口を丸めて［ヨ］と発音します．
ㅜ	[u]	口をすぼめて［ウ］と発音します．
ㅠ	[ju]	口をすぼめて［ユ］と発音します．
ㅡ	[ɯ]	口を横に引いて［ウ］と発音します．
ㅣ	[i]	日本語の［イ］とほぼ同じ発音です．

書き方の注意)))

① ㅇの上には点を付けないようにしましょう． ○（丸）を書く要領で書きます．

② 音節として書くときは子音と組み合わせて書きます． 子音の音がない場合は下のように語頭に ㅇ（無音）を付けます．

아　야　어　여　오　요　우　유　으　이

(1) 母音を発音しながら，書いて覚えましょう． 🔊02

아 [a]	야 [ja]	어 [ɔ]	여 [jɔ]	오 [o]	요 [jo]	우 [u]	유 [ju]	으 [ɯ]	이 [i]

(2) 次の単語を発音しながら，書いて覚えましょう.　　　　　　　🔊03

1　오　　　五　　　_____

2　이　　　二, 歯　　_____

3　아이　　子供　　　_____

4　우유　　牛乳　　　_____

5　이유　　理由　　　_____

6　여우　　女優, 狐　_____

7　오이　　キュウリ　_____

8　여유　　余裕　　　_____

9　유아　　幼児　　　_____

10　요　　　敷き布団　_____

(3) 順不同で読まれる発音をよく聞いて，下の欄にハングルで書き取ってみましょう.　🔊04

1　牛乳　_____　　2　子供　_____　　3　二, 歯　_____

4　幼児　_____　　5　五　_____　　6　理由　_____

★基本表現1　　　　　　　　　　　　　　　　　　　　　　　　　　　🔊05

안녕하십니까? （こんにちは.）

안녕하세요? （こんにちは.）

1 韓国語とハングル

　朝鮮半島(韓半島：한반도)で使われている言語は，日本では韓国語，朝鮮語，コリア語，ハングル語など様々な名称で呼ばれていますが，このうち少なくとも「ハングル語」という呼び方だけは適切な表現とはいえません．「ハングル」(한글)というのは，「アルファベット」「ひらがな」「カタカナ」と同じように，あくまで文字の名称です．「ハングル語」という言い方は，たとえば日本語を「ひらがな語」と呼ぶこと同じことです．

　大韓民国で使われている韓国語と朝鮮民主主義人民共和国で使われている朝鮮語は本来同一の言語で，文法・発音の構造は基本的に同じで意思疎通にもほとんど障害はありません．ちなみに韓国の「標準語」はソウルの方言を土台にしています．韓国語は南北の差だけではなく地域による方言差があり，語彙やアクセント，イントネーションが異なってはいますが，済州道を除いて意思疎通が困難というほどの差異はありません．

　韓国語と日本語はアルタイ語族に属するという説もありますが，互いに系統の明らかでない言語です．それでも二つの言語は非常によく似ていて，発音構造がかなり違うとはいえ，語順はもちろんのこと細かい文法構造まで類似点が多いので，単語さえ知っていれば何とか理解できます．

　ハングルは1443年世宗という朝鮮時代の国王が発案し，学者たちに命じて整備させて1446年に頒布した文字です．元の名称は「訓民正音」でした．ハングルは子音と母音を表す字を組み合わせて一つの文字を作る表音文字です．子音を表す字は音を出す発声器官である舌や歯や口の形をかたどって造られています．また母音字は天(・)地(―)人(｜)を表すとされるものを基本としています．ただしハングルが現在のように広く一般的に使われるようになったのは，それほど古いことではありません．公式文書は19世紀末まで漢文が使われ，ハングルは私的な手紙や女性読者を対象にした小説など，限られた場面で使われていたのです．現在韓国では，新聞や出版物のほとんどが全面的にハングルだけで表記されるようになっていますが，こうした形になったのは1980年代以降のことで，それまでは漢字ハングル交じり文が使われていました．

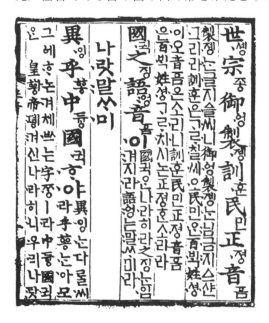

(厳基珠)

第2課 子音 ㄱ ㄷ ㅂ

　この課では，基本子音のうち，平音のㄱ[k/g]　ㄷ[t/d]　ㅂ[p/b]について学ぶことにします．これらの子音は語頭では濁らずに発音され，語頭以外では濁って発音されます．

発音の要領))))

ㄱ	[k/g]	語頭では日本語のカ行の子音とほぼ同じ発音です． 語頭以外ではガ行の発音をします．
ㄷ	[t/d]	語頭では日本語のタ，テ，トの子音とほぼ同じ発音です． 語頭以外ではダ，デ，ドの発音をします．
ㅂ	[p/b]	語頭では日本語のパ行の子音とほぼ同じ発音です． 語頭以外ではバ行の発音をします．

書き方の注意))))

　　　　　　　①ㄱ　　　　②ㄷ　　　　①ㅂ②
　　　　　　　　　　　　　　①→　　　③→
　　　　　　　　　　　　　　　　　　④→

① 가갸거겨기のように左右に子音と母音を組みあわせて書く時は，ㄱの縦線部分は斜めに書きます．

② 고교구규그のように上下に子音と母音を組みあわせて書く時は，ㄱの縦線部分はまっすぐ下に下ろし，ㅗ，ㅛの短い縦線がその中に納まるように書きます．

(1) 母音と組み合わせて発音しながら，書いて覚えましょう. ◀06

母音 子音	ㅏ	ㅑ	ㅓ	ㅕ	ㅗ	ㅛ	ㅜ	ㅠ	ㅡ	ㅣ
ㄱ										
ㄷ										
ㅂ										

11

(2) 次の単語を発音しながら，書いて覚えましょう．　◀07

1　이야기　話　＿＿＿＿＿＿＿＿＿＿＿＿＿＿＿

2　구두　靴　＿＿＿＿＿＿＿＿＿＿＿＿＿＿＿

3　고기　肉　＿＿＿＿＿＿＿＿＿＿＿＿＿＿＿

4　야구　野球　＿＿＿＿＿＿＿＿＿＿＿＿＿＿＿

5　거기　そこ　＿＿＿＿＿＿＿＿＿＿＿＿＿＿＿

6　어디　どこ　＿＿＿＿＿＿＿＿＿＿＿＿＿＿＿

7　바다　海　＿＿＿＿＿＿＿＿＿＿＿＿＿＿＿

8　가다　行く　＿＿＿＿＿＿＿＿＿＿＿＿＿＿＿

9　두다　置く　＿＿＿＿＿＿＿＿＿＿＿＿＿＿＿

10　구　九　＿＿＿＿＿＿＿＿＿＿＿＿＿＿＿

11　비　雨　＿＿＿＿＿＿＿＿＿＿＿＿＿＿＿

12　여기　ここ　＿＿＿＿＿＿＿＿＿＿＿＿＿＿＿

13　오다　来る　＿＿＿＿＿＿＿＿＿＿＿＿＿＿＿

14　보다　見る　＿＿＿＿＿＿＿＿＿＿＿＿＿＿＿

15　더　もっと　＿＿＿＿＿＿＿＿＿＿＿＿＿＿＿

(3) 順不同で読まれる発音をよく聞いて，下の欄にハングルで書き取ってみましょう．　◀08

1　どこ　＿＿＿＿＿　　2　行く　＿＿＿＿＿　　3　靴　＿＿＿＿＿

4　来る　＿＿＿＿＿　　5　そこ　＿＿＿＿＿　　6　ここ　＿＿＿＿＿

★基本表現2　◀09

안녕히 가세요.　（さようなら．〔去る人に〕）

안녕히 계세요.　（さようなら．〔去る人が留まる人に〕〔電話を切るときに〕）

또 만나요.　（また会いましょう．）

② 朝鮮半島の歴史と地理

　朝鮮半島(韓半島)はアジア大陸北東部の端にある南北全長1000kmの半島で，現在は二つの国に別れています．北はロシア，中国と国境を接しており，東は日本海(東海：동해)に面して日本列島と向かい合っています．対馬海峡(大韓海峡：대한해협)をはさんで，南海岸は東シナ海に面しています．

　「韓国の歴史は半万年」という表現がありますが，これは B.C.2333年に建国されたという神話伝説上の「檀君朝鮮」を加えた数字です．古代国家として代表的なのは，4世紀頃までに相次いで台頭した高句麗(～668年)・百済(～660年)・新羅(～935年)のいわゆる三国です．これらの王朝が覇を競った三国時代を経て，新羅が勝利を収めます．これが後期新羅時代(または統一新羅時代，676～935年)です．この時期には朝鮮半島北部から現中国東北部にかけて渤海(699～926年)という王朝も存在していました．

　その後の朝鮮半島では二度の王朝交替がありました．高麗時代(918～1392年)，朝鮮時代(1392～1910年)です．日本の植民地支配期(1910～1945年)を経て，1945年8月15日(光復節：광복절)に日本の敗戦によって解放されますが，当時の米国・ソ連によって分割占領されたことをきっかけに，1948年に北に朝鮮民主主義人民共和国(北朝鮮)，南に大韓民国(韓国)が成立しました．1950年6月25日に朝鮮戦争(6・25：육이오)が勃発し，約3年後の1953年7月に休戦が成立した後も，軍事境界線をはさんで南北が対峙する状態が固定化し，現在に至っています．

　北朝鮮の首都平壌は，神話上の檀君朝鮮の都だったと伝えられる所です．三国時代高句麗の長寿王が427年に都を移し，以来約250年間にわたり王都として繁栄しました．高句麗滅亡後も朝鮮北部の政治・経済的な中心地として重視され，朝鮮時代もソウルに次ぐ国内第二の大都会でした．

　韓国の首都ソウル(서울)は，漢江下流の盆地に位置する大都市です．この地域は古くは漢城または漢陽と呼ばれ，古代百済王朝が一時期都を置いていました．1394年に朝鮮が都を移してのち，現在まで500年以上にわたって政治・経済の中枢となっているところです．ソウルという言葉は元来「都」という意味の普通名詞でしたが，こうした長い歴史を経て，現在ではこの都市を指す固有名詞となっているのです．韓国の人口は5000万程度ですが，そのうちソウルを中心とする首都圏人口が半分近くになります．このような首都圏への人口集中と2％未満になってしまった人口増加率の減少は深刻な社会問題として浮上しています．

(厳基珠)

第3課　子音 ㅅ ㅈ ㅎ

　この課では，基本子音のうち，平音のㅅ［s］　ㅈ［tʃ/dʒ］　ㅎ［h］について学ぶことにします．

発音の要領))))

ㅅ	［s］	日本語のサ行の子音とほぼ同じ発音です．
ㅈ	［tʃ/dʒ］	日本語のチャ行の子音とほぼ同じ発音です． 語頭以外ではジャ行の発音をします．
ㅎ	［h］	日本語のハ行の子音とほぼ同じ発音です． 語頭以外では弱くなったり，消えたりします．

書き方の注意))))

　　　　　　　①↘ㅅ②　　　　　①↘ㅈ②　　　　③→ㅎ②①

① ㅅは，漢字の「人」の形に似ていますが，②画ははねずに止めます．

② ㅈは，片仮名「ス」とほぼ同じ要領で書いてもさしつかえありません．

③ ㅎは，下の○の上には点を付けないようにしましょう．

(1) 母音と組み合わせて発音しながら，書いて覚えましょう． ◀10

母音\子音	ㅏ	ㅑ	ㅓ	ㅕ	ㅗ	ㅛ	ㅜ	ㅠ	ㅡ	ㅣ
ㅅ										
ㅈ										
ㅎ										

14

(2) 次の単語を発音しながら，書いて覚えましょう．　🔊11

1　사　　四　　_____

2　어서　はやく，どうぞ　_____

3　저　　私　　_____

4　혀　　舌　　_____

5　소　　牛　　_____

6　주소　住所　_____

7　오후　午後　_____

8　자다　寝る　_____

9　시　　時　　_____

10　여자　女子　_____

11　사이　間　　_____

12　하다　する　_____

13　버스　バス　_____

14　바지　ズボン　_____

15　아버지　父　_____

(3) 順不同で読まれる発音をよく聞いて，下の欄にハングルで書き取ってみましょう．　🔊12

1　父　_____　　2　午後　_____　　3　住所　_____

4　する　_____　　5　女子　_____　　6　四　_____

★基本表現3　　　　　　　　　　　　　　　　　　　　　　　　🔊13

감사합니다. （ありがとうございます.）

천만에요. （どういたしまして.）

3 朝鮮半島の行政区分

　朝鮮半島（韓半島）の行政区分はまず日本の「県」にあたる「道」で分かれます．1945年解放当時は，咸鏡北道（함경북도），咸鏡南道（함경남도），平安北道（평안북도），平安南道（평안남도），黄海道（황해도），京畿道（경기도），江原道（강원도），全羅北道（전라북도），全羅南道（전라남도），忠清北道（충청북도），忠清南道（충청남도），慶尚北道（경상북도），慶尚南道（경상남도）の13道でした．1946年，済州道が全羅南道から分離して14道になり，南北分断後，韓国は９道，北朝鮮は５道になりますが，北朝鮮は慈江道（자강도），両江道（양강도／량강도）を新設し，黄海道を黄海北道（황해북도）と黄海南道（황해남도）に分けるなど「道」の数を増やして，韓国と同じく９道になりました．

　現在韓国は１特別市（ソウル：서울），１特別自治市（世宗：세종），６広域市（釜山：부산，仁川：인천，大邱：대구，光州：광주，大田：대전，蔚山：울산），８道，１特別自治道（済州道：제주도）と区分しており，北朝鮮は１直轄市（平壌：평양），２特別市（羅先：나선，南浦：남포），９道，１特別行政区（新義州：신의주），１工業地区（開城：개성），１観光地区（金剛山：금강산）と区分しています．

（厳基珠）

16

第4課　子音 ㄴㄹㅁㅇ・母音 ㅔㅖ

　この課では，鼻音のㄴ[n]　ㄹ[r]　ㅁ[m]　ㅇ[無音 / ŋ]と複合母音のㅔ[e]　ㅖ[je]について学ぶことにします．

発音の要領))))

ㄴ	[n]	日本語のナ行の子音とほぼ同じ発音です．
ㄹ	[r]	日本語のラ行の子音とほぼ同じ発音です．
ㅁ	[m]	日本語のマ行の子音とほぼ同じ発音です．
ㅇ	[無音/ŋ]	母音の前では音価がありませんが，語の最後では［ン］とほぼ同じ発音です．
ㅔ	[e]	日本語の［エ］とほぼ同じ発音です．
ㅖ	[je]	日本語の［イェ］とほぼ同じ発音です．

書き方の注意))))

① ㄹは漢字の「己」ではないので，最後の画を上にはねないように書きます．
② ㅇの上に点をつけないようにしましょう．○（丸）を書く要領で書きます．

（1）母音と組み合わせて発音しながら，書いて覚えましょう．　　　🔊 14

子音＼母音	ㅏ	ㅓ	ㅔ	ㅖ	ㅗ	ㅜ	ㅡ	ㅣ
ㄴ								
ㄹ								
ㅁ								
ㅇ								

17

(2) 次の単語を発音しながら，書いて覚えましょう． 🔊 15

1　어머니　母　_____

2　허리　腰　_____

3　머리　頭，髪　_____

4　누나　(弟から)姉　_____

5　어느　どの　_____

6　다리　脚，橋　_____

7　우리　私たち　_____

8　예　はい　_____

9　아뇨　いいえ　_____

10　모레　あさって　_____

11　누구　誰　_____

12　나라　国　_____

13　시계　時計　_____

14　어제　昨日　_____

15　주세요　ください　_____

(3) 順不同で読まれる発音をよく聞いて，下の欄にハングルで書き取ってみましょう． 🔊 16

1　母　_____　2　いいえ　_____　3　私たち　_____

4　昨日　_____　5　頭，髪　_____　6　誰　_____

★基本表現4 🔊 17

미안합니다. (すみません.)
괜찮아요. (大丈夫です.)

④ 「韓国語」と「朝鮮語」

　本テキストは『韓国語の初歩』と銘打っていますが，この言語は「朝鮮語」とも呼ばれます．朝鮮半島は1945年，日本の敗戦直後に米国軍と当時のソ連軍によって南北に分割占領され，三年後の1948年に南北別個の政府が成立します．南側が「韓国」（大韓民国），北側が「朝鮮」（朝鮮民主主義人民共和国）を正式国名に採用したことから，言語名も南では「韓国語（한국어, 한국말）」，北では「朝鮮語（조선어, 조선말）」と呼ぶようになったのです．「韓」も「朝鮮」も古代に起源を持つ由緒ある地域呼称であり，南北の区別，あるいは政治的立場の違いを示すニュアンスなど本来はなかったのですが，南北が分断されて軍事対立が長期化する過程で，あたかも「韓国語」と言えば南支持，「朝鮮語」と言えば北支持のような固定観念が根付いてしまったのです．※なお日本の研究界では，あくまで学術上の中立的呼称として「朝鮮語」と呼ぶケースも広く見られます．

　南北政府が70年以上にわたってばらばらに国語政策を進めてきたことに加え，政治体制や社会・経済のあり方の違い，相互の人の行き来がほとんど遮断されてきた事情を反映して，南北で標準的とされる言葉遣いには現在，さまざまな違いがあります．南北の言葉の違いを，本テキストに登場する名詞のほんの一例に限って紹介してみましょう．

上	（南）위	（北）우
箸	（南）젓가락	（北）저가락
トイレ	（南）화장실［化粧室］	（北）위생실［衛生室］
明日	（南）내일［来日］	（北）래일［来日］
女子	（南）여자［女子］	（北）녀자［女子］

名詞以外にも用言活用の接尾辞など，細部で様々な表記法の違いがみられます．

　ただしこうした違いはあくまで細部の問題で，実際はお互いの意思疎通にほとんど問題はありません．韓国語／朝鮮語の近代的な共通語整備の動きはすでに日本による植民地支配期（1910〜45年）から現地の言語学者らの手で進められ，それはソウルの方言を基準としたものでした．1933年には標準的な正書法や言葉遣いを定めた「朝鮮語綴字法統一案」が成立し，その内容は幾度か改訂されながらも，大筋で分断後の南北両政府の国語政策に引き継がれているのです．つまり北の共通語（現地では「文化語（문화어）」と呼びます）もソウルの言葉を土台としたもので，南北の言葉の違いが現在でも意外に小さい所以です．

　南北首脳会談，あるいは南北離散家族の人々の再会の場で，通訳なしで会話が交わされている映像を見た人も多いでしょう．皆さんがこのテキストで学んだ言葉で，南の人々だけでなく，北の人々とも自由に楽しくコミュニケーションを交わせる時代が一日も早く来ることを願ってやみません．

（吉川）

第5課 子音 ヲ ㅌ ㅍ ㅊ・母音 ㅐ ㅒ

　この課では，激音の ヲ[kʰ]　ㅌ[tʰ]　ㅍ[pʰ]　ㅊ[tʃʰ] と複合母音の ㅐ[ε]　ㅒ[jε] について学ぶことにします.

発音の要領)))

ヲ	[kʰ]	平音ㄱ[k] の激音です. 平音ㄱ[k] を発音しながら，強く息を吐き出すようにします.
ㅌ	[tʰ]	平音ㄷ[t] の激音です. 平音ㄷ[t] を発音しながら，強く息を吐き出すようにします.
ㅍ	[pʰ]	平音ㅂ[p] の激音です. 平音ㅂ[p] を発音しながら，強く息を吐き出すようにします.
ㅊ	[tʃʰ]	平音ㅈ[tʃ] の激音です. 平音ㅈ[tʃ] を発音しながら，強く息を吐き出すようにします.
ㅐ	[ε]	日本語の［エ］より口を広く開けて発音します.
ㅒ	[jε]	口を広く開けて「イェ」と発音します.

書き方の注意)))

　①카캬커켜키のように左右に子音と母音を組みあわせて書く時は，ヲの縦線部分は斜めに書きます.

　②코쿄쿠큐크のように上下に子音と母音を組みあわせて書く時は，ㄱの縦線部分はまっすぐ下に下ろし，ㅗ　ㅛの短い縦線がその中に納まるように書きます.

(1) 母音と組み合わせて発音しながら，書いて覚えましょう. 　◀ 18

子音＼母音	ㅏ	ㅐ	ㅒ	ㅓ	ㅗ	ㅜ	ㅡ	ㅣ
ㄱ								
ㅋ								
ㄷ								
ㅌ								
ㅂ								
ㅍ								
ㅈ								
ㅊ								

(2) 次の単語を発音しながら，書いて覚えましょう.　　　　　　　　　　　　🔊19

1　키　　　　背　　　　　_____

2　크다　　　大きい　　　_____

3　기차　　　汽車　　　　_____

4　타다　　　乗る　　　　_____

5　아파트　　マンション　_____

6　치마　　　スカート　　_____

7　배　　　　船，腹　　　_____

8　고프다　　空腹だ　　　_____

9　아프다　　痛い　　　　_____

10　노래　　　歌　　　　　_____

11　코　　　　鼻　　　　　_____

12　우표　　　切手(郵票)　_____

13　커피　　　コーヒー　　_____

14　차다　　　冷たい　　　_____

15　그래요?　そうですか　_____

(3) 順不同で読まれる発音をよく聞いて，下の欄にハングルで書き取ってみましょう.　🔊20

1　乗る　_____　　2　冷たい　_____　　3　痛い　_____

4　背　_____　　5　汽車　_____　　6　大きい　_____

★基本表現5　　　　　　　　　　　　　　　　　　　　　　　　　　　　🔊21

많이 드세요.　（たくさん召し上がってください.）
잘 먹겠습니다.（いただきます.）
잘 먹었습니다.（ご馳走さまでした.）

5 伝統の衣服

　韓国の伝統衣装は韓服(한복)といい，朝鮮時代に徐々に定着したと考えられます．韓服は直線と緩やかな曲線の調和によって，ゆったりした雰囲気を醸し出すのが特徴といえます．男性はパジ(바지)とチョゴリ(저고리)，女性はチマ(치마)とチョゴリ(저고리)を着るのが普通です．

　女性のチョゴリは短く胸下までの長さで，袖は伸ばしてみると，上は直線で下は緩やかな曲線となっています．また左右の胸元の長紐(コルム：고름)を胸元で結び，長く垂らすのが特徴的です．チマはゆったりしたスカートで胸の上からかかとを覆うほどの長さです．

　男性のチョゴリは女性用より丈が長く腰下まで覆うもので，女性用より短い左右の長紐を胸元で結びます．パジはゆったりしたズボンで，腰の上部まであげて帯で結び，足首は紐で結びます．足には男女ともに指のないたび(足袋)のポソン(버선)をはき，その上から男性はわら靴や革靴など，女性は花の紋様が施された靴をはきます．このほか防寒や儀礼用の外套として，男女ともにトゥルマギ(두루마기)を着ることがあります．伝統的な葬儀の際には，喪主や遺族は白い韓服を着ます．とりわけ質素な麻製などの服をわざわざ着て，故人への悼みを表したものでした．

　韓服は現在では，お正月(설날)・秋夕(추석)・トル(돌：子供の満一歳の誕生日)，結婚，還暦など，祝祭日の礼服となっています．現在では男性はめったに着ることがなく，若い女性も洋服を着るのが主流となっています．かつてはお正月は朝から，老若男女そろって新しい韓服の晴れ着(ソルビム：설빔)を着たものでしたが，今ではそれもなくなったようです．とはいえ現在でも国楽高校(伝統音楽を中心科目とする専門高校)など一部の学校で韓服を制服に採用しており，またテッキョン(택견：テコンドーとは別の伝統武術の流派)では道着として白い韓服を着用するのが通例です．また最近では，平服として作られた改良韓服を着る人も多くなっています．

(金天鶴)

第6課　子音 ㄲ ㄸ ㅃ ㅆ ㅉ

この課では，濃音の ㄲ [ˀk] ㄸ [ˀt] ㅃ [ˀp] ㅆ [ˀs] ㅉ [ˀtʃ] について学ぶことにします.

発音の要領))))

ㄲ	[ˀk]	平音ㄱ [k] の濃音です. ㄱ [k/g] の前に「ッ」がついて「ッカ」のつもりで，息を出さずに発音します. 例) がっかりの [っか]
ㄸ	[ˀt]	平音ㄷ [t] の濃音です. ㄷ [t/d] の前に「ッ」がついて「ッタ」のつもりで，息を出さずに発音します. 例) ぴったりの [った]
ㅃ	[ˀp]	平音ㅂ [p] の濃音です. ㅂ [p/b] の前に「ッ」がついて「ッパ」のつもりで，息を出さずに発音します. 例) さっぱりの [っぱ]
ㅆ	[ˀs]	平音ㅅ [s] の濃音です. ㅅ [s] の前に「ッ」がついて「ッサ」のつもりで，息を出さずに発音します. 例) あっさりの [っさ]
ㅉ	[ˀtʃ]	平音ㅈ [tʃ] の濃音です. ㅈ [tʃ/dʒ] の前に「ッ」がついて「ッチャ」のつもりで，息を出さずに発音します. 例) 坊っちゃんの [っちゃ]

書き方の注意))))

① 까꺄꺼껴끼のように左右に子音と母音を組みあわせて書く時は，ㄲの縦線部分は斜めに書きます.

② 꼬꾜꾸뀨끄のように上下に子音と母音を組みあわせて書く時は，ㄲの縦線部分はまっすぐ下に下ろし，ㅗ ㅛの短い縦線がその中に納まるように書きます.

(1) 母音と組み合わせて発音しながら，書いて覚えましょう.　🔊22

母音／子音	ㅏ	ㅑ	ㅡ	ㅜ	ㅖ	ㅐ	ㅗ	ㅓ
ㄲ								
ㄸ								
ㅃ								
ㅆ								
ㅉ								

(2) 発音の違いに注意しながら，練習してみましょう. 🔊23

1 가치 価値 － 까치 カササギ
2 크다 大きい － 끄다 (火または電気などを)消す
3 도끼 斧 － 토끼 ウサギ
4 타다 乗る － 따다 摘む, 取る
5 비 雨 － 피 血
6 비다 空く － 피다 咲く － 삐다 挫く
7 사다 買う － 싸다 安い
8 자다 寝る － 차다 冷たい － 짜다 塩辛い

(3) 次の単語を発音しながら，書いて覚えましょう. 🔊24

1 또　　　　また　　　　　　　　　　　_____
2 쓰다　　　書く, 使う, かぶる, かける　_____
3 오빠　　　(妹から)兄　　　　　　　　　_____
4 싸다　　　(値段が)安い　　　　　　　　_____
5 비싸다　　(値段が)高い　　　　　　　　_____
6 아저씨　　おじさん　　　　　　　　　　_____
7 씨　　　　～さん(氏)　　　　　　　　　_____
8 나쁘다　　悪い　　　　　　　　　　　　_____
9 짜다　　　塩辛い　　　　　　　　　　　_____
10 예쁘다　　かわいい　　　　　　　　　　_____
11 어깨　　　肩　　　　　　　　　　　　　_____
12 어때요? どうですか　　　　　　　　　_____

(4) 順不同で読まれる発音をよく聞いて，ハングルで書き取ってみましょう. 🔊25

1 (値段が)高い _____　2 書く _____　3 (妹から)兄 _____

4 塩辛い _____　5 悪い _____　6 (値段が)安い _____

★基本表現6 🔊26

축하합니다. (おめでとうございます.)
고맙습니다. (ありがとうございます.)

6 伝統の食文化

　現代の韓国料理は，朝鮮時代のソウルの宮廷や貴族の食生活と，地方の郷土料理から形成されたと言われます．食事と健康維持を一貫したものとして捉える，東洋医学のいわゆる薬食同源の考えが根付いており，薬飯・薬酒・薬念(調味料)・薬果・薬水など「薬」の字が多く使われるのも，食生活の特徴です．また，食器を持ち上げず，サジ(숟가락)と箸(젓가락)を両方使うのが食事作法の特色です．

　主食はご飯(밥)で，クク(국)という汁を添えて食べるのが普通です．汁類は具が多く，日本とは異なりサジですくって飲みます．誕生日にはわかめスープを食べるのが一般的です．チゲ(찌개)と呼ばれる鍋料理もサジを使って食べます．とりわけ味噌チゲ，キムチチゲは，一般家庭の食卓でも定番の品目です．

　次に主なおかずを紹介しましょう．ナムル(나물)は野菜の和えもので，生のものと熱を通したものがあります．生のものにはキキョウの根などがよく使われます．熱を通したものには日本でも最近，ピビンバ(비빔밥)の材料として売られている大豆モヤシやワラビなどが使われます．クイ(구이)は魚，肉類を直火で焼いたものです．チム(찜)は蒸しもので，魚や肉を味付けして煮崩れない程度に煮るか蒸します．サム(쌈)は包みもので，サンチュなどの生野菜にご飯を乗せ，おかずやコチュジャン(고추장)などとともに包んで食べます．

　韓国の伝統的な食文化に欠かせないのが甕(かめ)です．今でこそ都会では生活環境の変化であまり見られなくなりましたが，80年代頃までは一般民家の裏側にはたいていチャントクテと呼ばれるかめ置き台があり，漬物がめがずらりと並んでいました．キムチ(김치)やコチュジャン，醤油もこれに入れて保管したのです．冬には白菜キムチを多量に作ってかめに入れ，地面に埋める作業をします．これをキムジャン(김장)といい，このキムジャンキムチでひと冬をまかなっていました．マンション住まいが主流となった現在では，キムチ専用冷蔵庫も広く普及しています．

　ともあれこうした食文化も，時代とともに大きく様変わりしつつあります．手間をかけてキムチを漬けるかわりに，スーパーなどで買ってすませる家庭も多くなってきました．またファーストフードなどで簡単に朝昼の食事をとる人も増えているのが現状です．

　　　　　　　　　　　　　　　　(金天鶴)

第7課　母音（2）

　この課では，複合母音の와 [wa] 왜 [wɛ] 외 [we] 워 [wɔ] 웨 [we] 위 [wi] 의 [ɯi] について学ぶことにします．基本的には，二つの母音を一気に発音するように読みます．

発音の要領)))))

와	[wa]	오 + 아 → 와	日本語の「ワ」とほぼ同じ発音です．
왜	[wɛ]	오 + 애 → 왜	日本語の「ウェ」とほぼ同じ発音です．
외	[we]	오 + 이 → 외	［웨］とほぼ同じ発音です．
워	[wɔ]	우 + 어 → 워	日本語の「ウォ」とほぼ同じ発音です．
웨	[we]	우 + 에 → 웨	日本語の「ウェ」とほぼ同じ発音です．
위	[wi]	우 + 이 → 위	口をすぼめて「ウィ」と発音します．
의	[ɯi]	으 + 이 → 의	唇を横に引いたまま「ウイ」と発音します．

書き方の注意)))))

　① 워と웨を書く時，短い横線が우の横線の上に上がらないように書きます．위（×），웨（×）
　② 의は어と混同しないように書きます．

（1）文字を発音しながら，書いて覚えましょう．　　　　　　　　🔊27

애	에	와	왜	외	워	웨	위	의

(2) 次の単語を発音しながら，書いて覚えましょう． 🔊 28

1	회사	会社	_____
2	왜	何故	_____
3	사과	リンゴ(沙果)	_____
4	의자	椅子	_____
5	뒤	後ろ	_____
6	취미	趣味	_____
7	되다	なる	_____
8	교과서	教科書	_____
9	귀	耳	_____
10	저희	私たち	_____
11	의사	医者(医師)	_____
12	위	上	_____
13	돼지	豚	_____
14	고마워요	ありがとうございます	_____
15	쉬워요	易しいです	_____

(3) 順不同で読まれる発音をよく聞いて，ハングルで書き取ってみましょう． 🔊 29

1 会社 _____ 2 椅子 _____ 3 趣味 _____

4 後ろ _____ 5 なる _____ 6 教科書 _____

★基本表現7 🔊 30

오래간만입니다.　(お久しぶりです.)

반갑습니다.　　([お会いできて]うれしいです.)

27

7 住居生活

　韓国の伝統的な家屋は韓屋(한옥)と呼ばれます.「韓屋」とは洋式家屋を意味する「洋屋」の対照語として定着した呼び名です.1970年代以後,韓屋は非効率的な建築とみなされ,姿を消しつつありました.しかし高度成長時代の終わりとともにモノ中心の生活を見直す動きが広まるなかで,自然環境と調和した韓屋の長所が見直され,最近では韓屋と洋屋の折衷形式の住宅が人気を呼ぶようになっています.

　ここでは韓屋のうち,大庁(대청)と呼ばれる板間の部分とオンドル(온돌)という暖房装置について紹介します.

　大庁は各部屋の間に広がる板張りの空間です.中庭に向って開放されていて,夏の暑い時期には外壁側の窓を開け,中庭から外に風を通します.涼風の中で家族一緒に食事をしたり,家事にいそしむ光景は夏の風物詩です.涼しい板の間は,昼寝にもうってつけです.ただし冬は寒いので,最近では中庭側にも防寒用のガラス戸を取り付ける家が多くなりました.

　オンドルは古代,高句麗の時代から発達した暖房設備です.床下に火坑(煙の通り穴)を作り,室外や台所の炊き口の熱や煙を火坑に送り込み,反対側の煙突に出る間に床下から部屋を暖めるものです.暖房効果を高めるため,室内の床には厚手の黄色い油紙を敷き詰めます.炊き口に近いところをアレンモク(아랫목)といい,目上の人やお客に勧めます.遠い方はウィンモク(윗목)といいます.アレンモクとは直訳すると「下座」,ウィンモクは「上座」という意味です.目上の人に下座を勧めるのは妙ですが,要するに「下座」の方が暖かいからです.

　大庁は湿気の多い南部の海岸地域で発達し,オンドルは寒い地方に由来するものです.それが見事に結合したのが,韓屋の形式といえます.つまり大庁は夏用,オンドルは冬用の設備です.現在の韓国では団地やマンション住まいが主流となっており,こうしたマンションには大庁はありません.ただし居間を広く取る傾向はあり,かつての大庁の名残りといえます.オンドルもボイラーやセントラルヒーティングなどの設備に様変わりしていますが,やはり部屋の下に温水を通すもので,オンドル式暖房が受け継がれているといえるでしょう.なおホテルにはたいていオンドル式の部屋が用意されていますが,日本の旅館で畳敷きの和室に根強い人気があるのと同様,洋式よりこちらの方がくつろげる,という人が多いのです.

（金天鶴）

第8課　終声（パッチム）

　ハングルは子音＋母音の組み合わせ以外に子音＋母音＋子音の組み合わせがあります．この場合の最後の子音を**終声**，または**パッチム**（받침）と言います．パッチムは下の表のような7種類の発音しかありません．パッチム②は2文字からなりますが，発音されるのはどちらか片方だけです．パッチムを発音する際には，後ろに母音'ウ'がつかないように注意しましょう．

発　音	パッチム①	パッチム②
ㄱ [k]	ㄱ　ㅋ　ㄲ	ㄳ　ㄺ
ㄴ [n]	ㄴ	ㄵ　ㄶ
ㄷ [t]	ㄷ　ㅌ　ㅅ　ㅆ　ㅈ　ㅊ　ㅎ	
ㄹ [l]	ㄹ	ㄼ*　ㄽ　ㄾ　ㅀ
ㅁ [m]	ㅁ	ㄻ
ㅂ [p]	ㅂ　ㅍ	ㅄ　ㄿ
ㅇ [ŋ]	ㅇ	

＊ㄼ を右の［ㅂ］で発音するのは「밟다」（踏む）一語だけです．

発音の要領 🔊31

ㄱ [k]
「がっこう」の「っ」のように，舌を奥に引っ込めながら発音します．この際，息がもれて「く」と発音しないようにしましょう．

책 本（册）　부엌 台所　밖 外　삯 代金　닭 鶏　읽다 読む

ㄴ [n]
「あんない」の「ん」のように，舌先を上の歯茎の裏側にしっかりつけて発音します．この際，発音の最後まで舌を離さないようにしましょう．

조선 朝鮮　한국 韓国　반찬 おかず　앉다 座る　많다 多い

ㄷ [t]
「言った」の「っ」のように，舌先を上の歯茎の裏側につけて，止めます．この際，息がもれないようにしましょう．

곧 すぐ　받다 もらう　겉 表　옷 服　있다 ある，いる　벚꽃 桜

ㄹ [l]
「レモン」の「レ」のように，舌先を上の前歯の上側に軽くあてて発音します．この際，発音の最後まで舌を離さないようにしましょう．

가을 秋　겨울 冬　달 月　서울 ソウル　짧다 短い　여덟 八つ

ㅁ [m]
「さんま」の「ん」のように，唇を結びながら発音します．この際，発音の最後まで口を開けないようにしましょう．

봄 春　여름 夏　김치 キムチ　사람 人　마음 心　삶 生き方

29

ㅂ [p]	「葉っぱ」の「っ」のように，唇を結びながら止めて発音します．最後に「プ」という音が出ないように，発音が終わるまで口を開けないようにしましょう．

밥 ご飯　집 家　지갑 財布 (紙匣)　앞 前　옆 横, 隣　값 値段

ㅇ [ŋ]	「りんご」の「ん」のように，舌を奥に引っ込めながら発音します．この際，舌先がどこにも触れないようにしましょう．

강 河 (江)　가방 カバン　빵 パン　사랑 愛　형 (弟から) 兄

(1) 次の単語を発音しながら，書いて覚えましょう.　◀32

1　눈　　目，雪　_____

2　몸　　体　_____

3　입　　口　_____

4　발　　足　_____

5　손　　手　_____

6　얼굴　顔　_____

7　화장실　トイレ (化粧室)　_____

8　우체국　郵便局 (郵遞局)　_____

9　도서관　図書館　_____

10　병원　病院　_____

11　밑　　底，真下　_____

12　낮　　昼　_____

13　선생님　先生　_____

14　무엇　何　_____

15　겨울　冬　_____

(2) 順不同で読まれる発音をよく聞いて，ハングルで書き取ってみましょう.　◀33

1　郵便局 _____　　2　何 _____　　3　顔 _____

4　図書館 _____　　5　病院 _____　　6　先生 _____

★基本表現8　◀34

괜찮습니까?　(大丈夫ですか.)

괜찮습니다.　(大丈夫です.)

⑧ 公共交通文化

ここでは韓国庶民の重要交通手段について紹介します．まず，ソウルの一番重要な交通手段は何といっても地下鉄とバスです．1974年8月開通したソウルの地下鉄は2009年7月には9路線となりました．利用者も一日のべ500万人以上に及び，今や世界有数の路線網を誇っています．現在路線ごとにいくつかの運営会社(公社)に分けられていますが，共通の運賃体系で全線利用できます．地下鉄はソウルの他に釜山・大邱・仁川・大田・光州でも運行しています．なお，ソウルなどには2011年度から軽電鉄(경전철)といい，地下鉄とバスを補う交通手段も開通しています．

次に路線バスです．今は地下鉄に輸送量トップの座を明け渡していますが，それでも韓国では欠かせない交通手段の一つです．市内だけではなく，ソウルと近郊を結ぶ路線も多くあります．その外に，ソウルと地方の拠点を結ぶ高速バス，空港とソウル市内のホテルなどを結ぶリムジンバスなど，さまざまな形態のバスが街を彩っています．韓国の市内バスは路線が長いのが特徴で，片道1時間以上に及ぶことも少なくありません．しかも路線が複雑で停留所の表示が分かりづらいなど，旅行者が気軽に利用するには不便もありましたが，2004年7月の全面改正で路線番号表示や運行方式などが大幅に整理され，以前より便利になりました．現在は青い車体の幹線バス，緑の車体の支線バス，赤い車体の広域バス，黄色い車体の循環バスの4種類の路線バスが運行され，いずれも地下鉄などと共通の交通カードで簡単に利用でき，ネットで路線検索もできるようになっています．

タクシーには一般タクシーと模範タクシーがあります．料金は距離・時間に応じたメーター制です．模範タクシーは一般タクシーより基本料金が高めですが，一般タクシーで問題になっている不当料金の要求がないので，外国人にはより安全でしょう．日本のタクシーとの大きな差は，タクシー停留所ではないどこでも手を上げたら空車が拾えること，ドアは自分が開けて自分が閉める，料金が安くて大衆交通に属しているところです．

以上のような大衆共通機関の決済方法は，現金も使えますが，ほとんどの人は交通カードまたはクレジットカード，スマホなどを使っています．交通カードはコンビニなどで購入し，チャージしてから使う先払い方式で，クレジットカードやスマホなどは後払い方式です．

2004年にはフランスTGVの技術導入により，世界で5番目の高速鉄道KTX(最大時速330㎞)が開通しました．これによってソウル・釜山間が2時間40分，ソウル・木浦間は2時間58分に短縮されました．一方でセマウル号やムグンファ号といった古くからの在来線特急も引き続き運行されており，軽食だけでなくインターネット・カラオケ・マッサージ機・会議室まで備えた食堂車が導入され話題を呼んでいます．

本格的なマイカー時代に入って久しく，ソウルでも交通問題が悩みの種となっています．とりわけ最近深刻化しているのが路上駐車の増加です．韓国では日本のような車庫証明義務がないため，住宅地の路地などにみだりに駐車して住民とトラブルになるケースが絶えず，また消防車や救急車が入れないといった問題も増えており，行政当局も対策に頭を悩ませているところです．

(金天鶴)

第9課　発音の変化

発音の要領))))

1. 連音化
🔊 35

（1）パッチム（받침）で終わる音節の後ろに「ㅇ」で始まる文字が続くと，パッチム
が後ろの文字の母音と組み合わさって発音されます．パッチム「ㄲ」「ㅆ」も同様，
後ろの母音と組み合わせて発音します．

한국어　韓国語　→　［한구거］　　　발음　発音　　　→　［바름］
밖에　外に　→　［바께］　　　있어요　あります　→　［이써요］

（2）ただし，パッチム「ㅎ」の後ろに「ㅇ」で始まる文字が続く場合，「ㅎ」は発音
しません．

좋아요　良いです　→　［조아요］

（3）異なる二つの子音を組み合わさった2文字パッチムの後ろに「ㅇ」で始まる文字
が続く場合，左側の子音をパッチムとして読み，右側の子音は後ろの文字の母音
と組み合わせて発音します．

넓이　広さ　→　［널비］　　　　앉아요　座りなさい　→　［안자요］

2. ㅎ音弱化
🔊 36

（1）子音の「ㅎ」音は語頭では明瞭に発音されますが，語中や語尾では「ㅎ」音が弱
まり，連音化を伴うことがあります．

전화　電話　→　［저놔］に近い　　　철학　哲学　→　［처락］に近い

（2）パッチム「ㄶ」「ㅀ」の後ろに「ㅇ」で始まる文字が続く場合は「ㅎ」を発音せず，
「ㄴ」「ㄹ」を後ろの文字の母音と組み合わせて発音します．

많이　たくさん　→　［마니］　　　끓어요　沸きます　→　［끄러요］

3. 鼻音化
🔊 37

（1）パッチム①「ㄱ」②「ㄷ」③「ㅂ」の後ろに「ㄴ ㅁ」で始まる文字が続くと，パッ
チムの発音がそれぞれの鼻音である①［ㅇ］②［ㄴ］③［ㅁ］で発音されます．

①작년　昨年　→　［장년］　　　　한국말　韓国語　→　［한궁말］
②듣는 사람　聞く人　→　［든는 사람］　　　낱말　単語　→　［난말］
③입니다　です　→　［임니다］　　　밥맛　食欲　→　［밤맏］

（2）パッチム①「ㄱ」②「ㄷ」③「ㅂ」の後ろに「ㄹ」で始まる文字が続くと，パッ
チムの発音がそれぞれの鼻音である①［ㅇ］②［ㄴ］③［ㅁ］に，後ろの文字の
「ㄹ」も［ㄴ］に発音されます．

①독립　独立　→ ［동닙］

②몇 리　何里　→ ［면니］

③합리적　合理的　→ ［함니적］

（1） 発音のとおりに書いてみましょう.　🔊 38

単　語	発　音	単　語	発　音
① 직업　職業	［　　　］	⑥ 읽어요　読みます	［　　　］
② 꽃을　花を	［　　　］	⑦ 많아요　多いです	［　　　］
③ 밖으로　外へ	［　　　］	⑧ 국민　国民	［　　　］
④ 했어요　しました	［　　　］	⑨ 학년　年生(学年)	［　　　］
⑤ 짧아요　短いです	［　　　］	⑩ 합니다　します	［　　　］

4. 激音化　🔊 39

（1） パッチム「ㅎ」の後ろに「ㄱ ㄷ ㅈ」で始まる文字が続くと，激音の ［ㅋ ㅌ ㅊ］で発音されます.

　　좋고　よくて　→ ［조코］　　　　놓다　置く　→ ［노타］

　　옳지만　正しいが　→ ［올치만］　　　많다　多い　→ ［만타］

（2） パッチムの「ㄱ ㄷ ㅂ」の後ろに「ㅎ」で始まる文字が続くと，激音の ［ㅋ ㅌ ㅍ］で発音されます.

　　축하　祝賀　→ ［추카］　　　　　못해요　できません　→ ［모태요］

　　입학　入学　→ ［이팍］

5. 濃音化　🔊 40

　　パッチム「ㄱ ㄷ ㅂ」の後ろに「ㄱ ㄷ ㅂ ㅅ ㅈ」で始まる文字が続くと，後ろの文字が濃音の［ㄲ ㄸ ㅃ ㅆ ㅉ］で発音されます.

　　국밥　クッパ　→ ［국빱］　　　　숙제　宿題　→ ［숙쩨］

　　믿다　信じる　→ ［믿따］　　　　젓가락　箸　→ ［젇까락］

　　어렵다　難しい　→ ［어렵따］　　　접시　皿　→ ［접씨］

6. 流音化　🔊41

パッチム「ㄴ」の後ろに「ㄹ」で始まる文字が続くか，パッチム「ㄹ」の後ろに「ㄴ」で始まる文字が続くと，「ㄴ」が［ㄹ］で発音されます．

인류　人類　→　［일류］　　　　　설날　お正月 →　［설랄］

7. 口蓋音化　🔊42

連音化が起こる際，パッチム「ㄷ」「ㅌ」の後ろに「이」が組み合わさると，後ろに続く文字の初声は［ㄷ］［ㅌ］ではなく［ㅈ］［ㅊ］で発音されます．

맏이　長女, 長男 → 마디 → ［마지］　　같이　一緒に → 가티 → ［가치］

(2) 発音のとおりに書いてみましょう.　🔊43

単　語	発　音	単　語	発　音
① 어떻게　どのように	[　　　　]	⑧ 숟가락　スプーン	[　　　　]
② 좋다　　よい, いい	[　　　　]	⑨ 덮개　　蓋	[　　　　]
③ 도착하다　到着する	[　　　　]	⑩ 쉽다　　易しい	[　　　　]
④ 법학　　法学	[　　　　]	⑪ 신라　　新羅	[　　　　]
⑤ 학교　　学校	[　　　　]	⑫ 연락　　連絡	[　　　　]
⑥ 약속　　約束	[　　　　]	⑬ 실내　　室内	[　　　　]
⑦ 몇 시　何時	[　　　　]	⑭ 굳이　　敢えて	[　　　　]

★基本表現9　🔊44

알겠습니까?　（わかりますか.）
알겠습니다.　（わかりました.）
모르겠습니다.　（わかりません.）

9 伝統の祝日

　韓国では今なお，伝統行事の多くはもっぱら旧暦で行われます．ここでは韓国の2大祝日ともいえるお正月と秋夕(추석)を紹介します．

　お正月は新旧暦ともに，公休日になっています．旧暦の元旦をソルラル(설날)と呼びます．大晦日から家族が集まって供え物を準備し，元旦の明け方にポクチョリ(福笊籬)を家の隅などに掲げて，福がたくさん入るように願います．朝を迎えると，家族が皆集まり先祖を祭る茶礼(차례)を行い，白い餅入りの汁(떡국)を食べます．これを食べて初めて年が1歳増えると言われています．それから両親やおじいさん，おばあさんに新年のあいさつ(歳拝：세배)をします．その時，子供たちにお年玉をあげ，「今年も元気に頑張りなさい」とか「今年は必ずいい相手にめぐり会いなさい」など，励ましの言葉をかけてあげるのが一般的です．家庭内のあいさつが終わると，親戚宅へあいさつに出かけたり，友達と一緒に年始回りをします．

　お正月の代表的な遊びにはユンノリ(윷놀이)やノルティギ(널뛰기)，たこあげ(연날리기)があります．ユンノリは日本の双六に似ており，4枚の木の札(윷)を投げ上げて，出た目の数だけコマを移動する遊びです．ノルティギはシーソーのような女性の遊びです．ノルは「木の板」で，ティギとは「跳ぶこと」を意味します．ワラ束や穀物袋などの上に長い板を乗せ，板の両端に人が乗って交互に飛びあがります．反動を利用して徐々に弾みを付け，高く跳び上がることができます．たこあげは元日から15日(대보름)まで盛んに行われました．韓国のたこあげの特徴をあげれば，互いにたこ糸を切り合う競技(日本で言うケンカ凧)が盛んだった点でしょう．糸の強さもさることながら，たこの操作技術が勝負の分かれ目になります．

　秋夕は旧暦8月15日の行事で，日本でいう仲秋(お月見をする日)にあたります．正月と同じく茶礼を行いますが，秋夕では，その年の新米で炊いた御飯を食べるのが習わしです．秋夕の食卓には，ソンピョン(송편)という餅も欠かせません．ソンピョンは収穫したての豆，小豆，栗，ナツメなどを材料に，前日から一家総出で作ります．秋夕の当日には一家そろってお墓参りをします．ソルラルと秋夕は多くの人々が故郷に里帰りする季節で，民族大移動といわれるほどの帰省ラッシュが全国で繰り広げられます．

(金天鶴)

第10課　単語の調べ方および日本語のハングル表記方法

辞書の引き方)))

　韓国の辞書と北朝鮮の辞書は単語の並べ順が違います．日本で出版される辞書の大半は韓国の辞書に従っているので，ここでは韓国の辞書を基準にします．辞書はまず子音が基準になり，次に母音が基準になります．

子音の順序　＊（　）内は子音の名称　　　　　　　　　　　　　🔊 45

ㄱ（기역）→ ㄲ（쌍기역）→ ㄴ（니은）→ ㄷ（디귿）→ ㄸ（쌍디귿）→ ㄹ（리을）→
ㅁ（미음）→ ㅂ（비읍）→ ㅃ（쌍비읍）→ ㅅ（시옷）→ ㅆ（쌍시옷）→ ㅇ（이응）→
ㅈ（지읒）→ ㅉ（쌍지읒）→ ㅊ（치읓）→ ㅋ（키읔）→ ㅌ（티읕）→ ㅍ（피읖）→
ㅎ（히읗）

【注意】2文字のパッチムの場合も，子音の順番によって引きます．

母音の順序

아 → 애 → 야 → 얘 → 어 → 에 → 여 → 예 → 오 → 와 → 왜
→ 외 → 요 → 우 → 워 → 웨 → 위 → 유 → 으 → 의 → 이

(1) 次の単語の意味を調べてみましょう．

　1 언니（　　　）　2 매일（　　　　）　　3 이름（　　　　）　　4 사랑（　　　　）

　5 며칠（　　　）　6 친구（　　　　）　　7 정말（　　　　）　　8 오늘（　　　　）

(2) 辞書を使わず辞書に載っている順番を考え，①～⑤の番号を書いてみましょう．

　1 바람（　　）　　팔（　　）　　내일（　　）　　재미（　　）　　화장실（　　）

　2 아주（　　）　　친구（　　）　　진짜（　　）　　정말（　　）　　가족（　　）

　3 이사（　　）　　의사（　　）　　도시（　　）　　토지（　　）　　크다（　　）

日本語のハングル表記

*（　）内は語中のとき

あ	아	い	이	う	우	え	에	お	오
か	가(카)	き	기(키)	く	구(쿠)	け	게(케)	こ	고(코)
さ	사	し	시	す	스	せ	세	そ	소
た	다(타)	ち	지(치)	つ	쓰	て	데(테)	と	도(토)
な	나	に	니	ぬ	누	ね	네	の	노
は	하	ひ	히	ふ	후	へ	헤	ほ	호
ま	마	み	미	む	무	め	메	も	모
や	야			ゆ	유			よ	요
ら	라	り	리	る	루	れ	레	ろ	로
わ	와	を	오	ん	ㄴ				
が	가	ぎ	기	ぐ	구	げ	게	ご	고
ざ	자	じ	지	ず	즈	ぜ	제	ぞ	조
だ	다	ぢ	지	づ	즈	で	데	ど	도
ば	바	び	비	ぶ	부	べ	베	ぼ	보
ぱ	파	ぴ	피	ぷ	푸	ぺ	페	ぽ	포
きゃ	갸(캬)			きゅ	규(큐)			きょ	교(쿄)
ぎゃ	갸			ぎゅ	규			ぎょ	교
しゃ	샤			しゅ	슈			しょ	쇼
じゃ	자			じゅ	주			じょ	조
ちゃ	자(차)			ちゅ	주(추)			ちょ	조(초)
ぢゃ	자			ぢゅ	주			ぢょ	조
ひゃ	햐			ひゅ	휴			ひょ	효
びゃ	뱌			びゅ	뷰			びょ	뵤
ぴゃ	퍄			ぴゅ	퓨			ぴょ	표
みゃ	먀			みゅ	뮤			みょ	묘
りゃ	랴			りゅ	류			りょ	료

① 長母音（伸ばす音）は表記しません.

例）大野 오노（○）　오오노（×）　　　裕子 유코（○）　유우코（×）

② 促音「っ」と撥音「ん」は，それぞれパッチム「ㅅ」と「ㄴ」で表記します.

例）北海道 홋카이도（○）　호ㅅ카이도（×）

群馬　군마（○）　　　구ㄴ마（×）

(3) 次の日本語の読みをハングルで書いてみましょう.

1　渡辺 _____　　2　田中 _____　　3　松本 _____

4　札幌 _____　　5　山形 _____　　6　湘南 _____

(4) 次の指示に相応する答えの日本語の読みをハングルで書いてみましょう.

1　自分の名前　　_____

2　自分の住所　　_____

(5) 声を出して読みながら日本語に直してみましょう.

1　잇쇼노 오모이데니 노코루요나 소쓰교시키니 시타이데스.

_____

2　단타이교기와 난다칸다 잇테모 켓쿄쿠와 센슈도시노 단케쓰료쿠가

_____

간진데스네.

_____

3　"도쿄 돗쿄쿄카쿄쿠" 토 하야쿠치데 산카이 잇테 미테 고란.

_____

4　이마데와 조코소비루가 린리쓰스루 신주쿠에키 니시구치 잇타이데스가,

_____

센큐햐쿠로쿠주넨다이마데와 다시카 오키나 조스이조가 앗타하즈데스요.

_____

★基本表現10　　　　　　　　　　　　　　　　　　　　　　　　🔊 46

처음 뵙겠습니다.　(初めてお目にかかります.)
잘 부탁합니다.　　(よろしくお願いします.)

10 話してみましょう！

🔊 47

音声を聞いて下記の会話文を練習し，実際に使って話してみましょう．

【声をかける】

저기…	あの…，すみません．
저… 실례합니다.	あの…，失礼ですが．
말씀 좀 묻겠습니다.	ちょっとお尋ねします．

【買い物をする】

얼마예요?	おいくらですか．
좀 깎아 주세요.	少しまけてください．
좋아요.	いいです．
예뻐요.	かわいいです．

【注文する】

여기요! / 저기요!	(呼びかける)すみません！
물 좀 주세요.	お水をちょっとください．
○○○ 하나 주세요.	○○○　一つ(一人前)ください
○○○ 좀 더 주세요.	○○○　もう少しください． (おかわりお願いします.)
맛있어요.	おいしいです．

【初対面でたずねる】

성함이 어떻게 되십니까? / 되세요?	名前は何とおっしゃいますか．
연세가 어떻게 되십니까? / 되세요?	おいくつでいらっしゃいますか．

【あいづちをうつ】

그렇습니까? / 그래요?	そうですか．
그렇습니다. / 그래요.	そうです．その通りです．
맞습니다. / 맞아요.	その通りです．そうです．

第11課 대학생입니까?

Point! ~입니다. ~입니까?

다나카 : 안녕하십니까?

저는 다나카입니다.

이유진 : 안녕하세요?

이유진입니다.

잘 부탁합니다.

다나카 씨는 대학생입니까?

다나카 : 예, 대학생입니다.

1. 발음 (発音)

입니다　　　　　[임니다]
이유진입니다　　[이유지님니다]
잘 부탁합니다　 [잘부타캄니다]
다나카 씨는　　 [다나카씨는]
대학생입니까　　[대학쌩임니까]

2. 단어 (単語)

안녕하십니까?	おはようございます. こんにちは. こんばんは.
	◆ かしこまった表現. 打ち解けた表現は「안녕하세요?」
	「안녕!」(安寧) だけなら, 友だちの間で使える挨拶となります.
저	私〈謙譲語〉
	◆ 一人称代名詞は二種類あります.

	謙譲語	普通語
私	저	나
私の	저의	나의
	제	내
私が	제가	내가
私たち	저희	우리

ただし,「우리 어머니」「우리 집」「우리 학교」のように使われる場合は,「私の」の意味になります.

～는/은	～は ☞ 3【1】
～입니다.	～です ☞ 3【2】
～입니까?	～ですか ☞ 3【2】
이유진	◆ 人名 「이」(李) は姓,「유진」は名前. 韓国人の中で「이」と「김」(金) という姓が人口の35%以上を占めると言われています.
잘	よく, よろしく
부탁하다	頼む, 願う(付託-)
잘 부탁합니다.	よろしくお願いします.
씨	さん(氏)
대학생	大学生

중학생	고등학생	유학생
中学生	高校生(高等学生)	留学生

예	はい

3. 문법과 표현 (文法と表現)

【1】

助詞　～は　:	(パッチムなし：母音で終わる語) ＋ 는
	(パッチムあり：子音で終わる語) ＋ 은

助詞「～は」には「～는 / 은」が対応します.　　　　　🔊 49

친구는	友だち(親旧)は
남자는	男子は
이름은	名前は
여동생은	妹は

【2】

＊**体言と用言**
体言：名詞，代名詞，数詞が含まれます.（活用しない）
用言：動詞，形容詞などが含まれます.（活用する）

体言 ＋ **입니다.**	：体言＋です
体言 ＋ **입니까?**	：体言＋ですか

体言の後ろに「～**입니다.**」「～**입니까?**」を付けると，丁寧な表現になります.

우리 할머니**입니다.**	うちの祖母です
금요일**입니다.**	金曜日です
이 가게**입니까?**	この店ですか
토요일**입니까?**	土曜日ですか

Q 1 日本語に合わせて「〜は」にあたる助詞を付け、後ろには「〜です」・「〜ですか」にあたるものを付けましょう.

① 저_____ 私は 　다나카_____ 田中です.

② 아주머니_____ おばさんは 　의사_____ 医者ですか.

③ 수업_____ 授業は 　내일_____ 明日です.

④ 선생님_____ 先生は 　일본사람_____ 日本人ですか.

⑤ 형_____ 兄は 　대학생_____ 大学生ですか.

Q 2 例にならって文を作りましょう.

例) 저 私／대학생 大学生 （私は大学生です.）

→ _____ 저는 대학생입니다. _____

① 어머니 母／회사원 会社員 （母は会社員です.）

→ _____

② 제 私の／이름 名前／스즈키 鈴木 （私の名前は鈴木です.）

→ _____

③ 제 私の／친구 友だち(親旧)／한국사람 韓国人 （私の友だちは韓国人です.）

→ _____

④ 우체국 郵便局(郵遞局)／어디 どこ （郵便局はどこですか.）

→ _____

⑤ 저 あの／사람 人／누구 誰 （あの人は誰ですか.）

→ _____

Q 3 次の文を日本語に訳しましょう.

① 저는 일본사람입니다. _____

② 아버지는 공무원입니까? _____

③ 이곳은 우리 학교입니다. _____

④ 제 친구는 유학생입니다. _____

⑤ 학생 식당은 어디입니까? _____

43

Q 4 次の文を韓国語に訳しましょう.

① 私は大学生です. _____

② 私のお父さんは会社員です. _____

③ 私の名前は〇〇〇〈自分の名前〉です. _____

④ 授業はいつですか. _____

⑤ 今日は土曜日ですか. _____

Q 5 音声を聞いて (　　) のなかに適切な語句を入れましょう.　🔊 50

스즈키 : 안녕하십니까? 저는 스즈키입니다. (　　　　　　　　　)

김민정 : (　　　　　　　　　　　) 저는 김민정입니다.

스즈키 : 김민정 씨는 (　　　　　　　　　　)

김민정 : 아뇨, (　　　　　　　　　)

Q 6 単語の意味を探しましょう.

1　고등학생	18　여동생	☐ いいえ	☐ 私たち〈謙譲語〉
2　공무원	19　예	☐ いつ	☐ 授業
3　나	20　오늘	☐ おばさん	☐ 食堂
4　내	21　우리	☐ 頼む, 願う(付託-)	☐ 人
5　누구	22　우체국	☐ はい	☐ 先生-
6　대학생	23　유학생	☐ よく	☐ 大学生
7　부탁하다	24　이름	☐ 会社員	☐ 誰
8　사람	25　일본	☐ 韓国	☐ 中学生
9　선생님	26　잘	☐ 公務員	☐ 土曜日
10　수업	27　저	☐ 高校生(高等学生)	☐ 日本
11　식당	28　저희	☐ 今日	☐ 父
12　씨	29　제	☐ さん(氏)	☐ 母
13　아뇨	30　중학생	☐ 私	☐ 妹(女同生)
14　아버지	31　친구	☐ 私〈謙譲語〉	☐ 名前
15　아주머니	32　토요일	☐ 私の	☐ 友だち(親旧)
16　어머니	33　한국	☐ 私の〈謙譲語〉	☐ 郵便局(郵遞局)
17　언제	34　회사원	☐ 私たち	☐ 留学生

11 伝統芸能

　伝統芸能は音楽と劇の混成でなりたっているケースが少なくありません．ここでは両方の側面から韓国の伝統芸能のあらましを紹介していきます．まず音楽の面では，古代三国時代の仏教音楽，伎楽など，時代ごとに特徴のある音楽があったようです．琴の一種の伽倻琴（가야금），コムンゴなどは，古代から長く継承されて現在に至っています．また，18世紀には時調などの声楽曲が現れる一方，一人で全て語るパンソリ（판소리）も盛んになります．

　一種の語り物であるパンソリは，最初は庶民の民俗芸能でしたが，徐々に両班たちも楽しむようになり，文字化されたものもあります．文献では全12作という記録もありますが，当時のものとして現在に残っているものは，『春香歌』『沈清歌』『興夫歌』『水宮歌』『赤壁歌』の5つしかありません．この中でも『春香歌』は有名で，何回も映画化されています．

　演劇の面では，仮面劇の発達が特徴的です．仮面劇はすでに古代から存在したようで，高麗時代になると諷刺劇も演じられたようです．朝鮮時代の18世紀にはサダンペ（사당패）という集団が全国を巡演して演劇を広めました．彼らはコクトゥカクシノルム（꼭두각시놀음）という人形劇を中心としながら，仮面劇・農楽・綱引きなどを披露しました．

　仮面劇でも代表的なのがタルチュム（탈춤）です．タルチュムとは野外で演舞を行う仮面劇の一種です．タルチュムは男女の葛藤や庶民生活の喜怒哀楽をテーマとするものが多く，時に卑猥な冗談を交えつつ破戒僧や両班などの生活ぶりを諷刺して，聴衆の興味を引きました．踊りと歌を合わせた舞踊的な要素に，滑稽なしぐさや漫談など，言葉の表現の豊かさも織り込んで，19世紀後半には絶頂期を迎えます．

　仮面劇は野外で演じられ，観客とのやり取りも活発でした．現代の韓国でもそうした特長を継承した，マダンノリ（마당놀이）と呼ばれる古典劇があります．マダンは広場，ノリは遊びを意味します．観客とアドリブで言葉を掛け合いながら進行し，観客自身が飛び入りで参加できる，そんな遊びの空間として人気を集めているのです．

　この他，民間信仰に由来するサルプリチュム（살풀이춤）も見逃せないものです．サルプリチュムは元来シャーマンが厄払いのために踊る神舞の一種でしたが，芸人の舞踊形式として取り入れられ，パンソリとともに各地に普及したものです．

（金天鶴）

第12課 회사원이 아닙니다.

Point! ~가/이 아닙니다. ~가/이 아닙니까?

🔊 51

다나카 : 이유진 씨는 회사원입니까?

이유진 : 아뇨, 회사원이 아닙니다.

　　　　대학생입니다.

다나카 : 전공이 무엇입니까?

이유진 : 경제학입니다.

다나카 : 제 전공은 일본문학입니다.

1. 발음 (発音)

이유진 씨는	[이유진씨는]
회사원입니까	[회사워님니까]
회사원이	[회사워니]
아닙니다	[아님니다]
대학생입니다	[대학쌩임니다]
무엇입니까	[무어심니까]
경제학입니다	[경제하김니다]
일본문학입니다	[일본무나김니다]

2. 단어 (単語)

회사원 　　　　　 会社員

공무원	의사	기자	변호사	요리사
公務員	医者(医師)	記者	弁護士	コック

한국어	일본어	참고
~가/이	~が ☞ 3【1】	
~가/이 아닙니다.	~ではありません ☞ 3【2】	
~가/이 아닙니까?	~ではありませんか ☞ 3【2】	

아뇨 　　　　　 いいえ

전공 　　　　　 専攻

무엇 　　　　　 何

언제	いつ
어디	どこ
누구	誰
왜	なぜ
얼마	いくら

경제학 　　　　　 経済学

제 　　　　　 私の

일본 　　　　　 日本

한국	중국	미국
韓国	中国	米国(美国)

문학 　　　　　 文学

언어학	수학	정보공학	법학	정치학
言語学	数学	情報工学	法学	政治学

3. 문법과 표현 （文法と表現）

【1】

| 助詞 ～が ： | （パッチムなし：母音で終わる語）+ **가** |
| | （パッチムあり：子音で終わる語）+ **이** |

助詞「～が」には「～**가** / **이**」が対応します. 🔊 52

날씨**가**	天気が
컴퓨터**가**	コンピューターが
지하철**이**	<u>地下鉄が</u>
손님**이**	客が

【2】

体言 （パッチムなし：母音で終わる語） + **가 아닙니다.**
　　　　　　　　　　　　　 ： 体言+ではありません
体言 （パッチムあり：子音で終わる語） + **이 아닙니다.**

体言 （パッチムなし：母音で終わる語） + **가 아닙니까?**
　　　　　　　　　　　　　 ： 体言+ではありませんか
体言 （パッチムあり：子音で終わる語） + **이 아닙니까?**

体言の後ろに「～**가/이 아닙니다.**」「～**가/이 아닙니까?**」を付けると，丁寧な否定表現になります.

어제**가 아닙니다.**	昨日ではありません
대학생**이 아닙니다.**	<u>大学生</u>ではありません
의사**가 아닙니까?**	医者(医師)ではありませんか
시험**이 아닙니까?**	<u>試験</u>ではありませんか

Q 1 次の単語に「～が」にあたる助詞を付けましょう.

① 의자＿＿＿＿ 椅子が　　　　② 병원＿＿＿＿ 病院が

③ 집＿＿＿＿ 家が　　　　　　④ 교과서＿＿＿＿ 教科書が

⑤ 전화번호＿＿＿＿ 電話番号が

Q 2 例にならって文を作りましょう.

例) 저 私 / 고등학생 高校生(高等学生)　(私は高校生ではありません.)

→ ＿＿＿＿ 저는 고등학생이 아닙니다. ＿＿＿＿

① 저기 あそこ / 학교 学校　(あそこは学校ではありませんか.)

→ ＿＿＿＿＿＿＿＿＿＿＿＿＿＿＿＿＿＿

② 지금 今(只今) / 수업시간 授業時間　(今は授業時間ではありません.)

→ ＿＿＿＿＿＿＿＿＿＿＿＿＿＿＿＿＿＿

③ 이것 これ / 제 私の / 책상 机(冊床)　(これは私の机ではありません.)

→ ＿＿＿＿＿＿＿＿＿＿＿＿＿＿＿＿＿＿

④ 그 その / 주소 住所 / 제 私の　(その住所は私の住所ではありません.)

→ ＿＿＿＿＿＿＿＿＿＿＿＿＿＿＿＿＿＿

⑤ 두 사람 二人 / 형제 兄弟　(二人は兄弟ではありませんか.)

→ ＿＿＿＿＿＿＿＿＿＿＿＿＿＿＿＿＿＿

Q 3 次の文を日本語に訳しましょう.

① 이것은 한국어 교과서가 아닙니다. ＿＿＿＿＿＿＿＿＿＿＿＿

② 그 사람은 의사가 아닙니까? ＿＿＿＿＿＿＿＿＿＿＿＿

③ 제 전공은 정치학이 아닙니다. ＿＿＿＿＿＿＿＿＿＿＿＿

④ 저기는 도서관이 아닙니까? ＿＿＿＿＿＿＿＿＿＿＿＿

⑤ 제 이름은 다나카가 아닙니다. ＿＿＿＿＿＿＿＿＿＿＿＿

Q 4 次の文を韓国語に訳しましょう.

① 私の友だちは日本人ではありません. _____

② 韓国ははじめてではありませんか. _____

③ あの人は家族ではありませんか. _____

④ それは私の本ではありません. _____

⑤ この方は私の母ではありません. _____

Q 5 音声を聞いて ( ) のなかに適切な語句を入れましょう. 🔊 53

스즈키 : 김민정 씨는 ( )

김민정 : 예, 저는 ( ) 회사원입니다.

스즈키 씨는 ( )

스즈키 : ( )

Q 6 単語の意味を探しましょう.

1 가족	22 의사	☐ あそこ	☐ 今(只今)
2 경제학	23 의자	☐ いいえ	☐ 昨日
3 그것	24 이것	☐ いくら	☐ 試験
4 기자	25 저기	☐ コック(料理師)	☐ 時間
5 누구	26 전공	☐ これ	☐ 授業
6 도서관	27 전화	☐ コンピューター	☐ 住所
7 무엇	28 정보공학	☐ それ	☐ 情報工学
8 문학	29 정치학	☐ どこ	☐ 図書館
9 미국	30 주소	☐ なぜ	☐ 政治学
10 변호사	31 중국	☐ はじめて	☐ 専攻
11 병원	32 지금	☐ 椅子	☐ 誰
12 수업	33 지하철	☐ 医者(医師)	☐ 地下鉄
13 시간	34 집	☐ 何	☐ 中国
14 시험	35 책	☐ 家	☐ 電話
15 아뇨	36 책상	☐ 家族	☐ 病院
16 어디	37 처음	☐ 会社員	☐ 文学
17 어제	38 친구	☐ 韓国語	☐ 米国(美国)
18 언어학	39 컴퓨터	☐ 机(册床)	☐ 弁護士
19 얼마	40 한국어	☐ 記者	☐ 本(冊)
20 왜	41 회사원	☐ 経済学	☐ 友だち(親旧)
21 요리사		☐ 言語学	

12 韓国の武道

　韓国のスポーツの中で，古来の武道を継承しているものとして，テコンドー（跆拳道：태권도）とシルム（씨름）が挙げられます．

　まず，テコンドー（跆拳道）は古代の祭天儀礼の際に行われた宗教儀式に起源を持つとされ，三国時代の高句麗で流行し新羅に伝えられたテッキョン（택견）が原形と考えられています．これはやがて武人の必修武術となり，高句麗では仙輩，新羅では花郎と呼ばれる武芸集団が登場しました．その時代のテッキョンの姿は，高句麗の壁画や新羅の金剛力士像などにも窺えます．高麗時代にもテッキョンの達人が王朝の武臣に取り立てられるなど，武人の技能として重要視されていました．しかし，こうした社会的位置づけは次第に低下し，朝鮮時代に入ると，民俗武芸として変貌していきます．この頃にはテッキョンには似た発音の漢字（跆拳）が当てられ，それが現在の正式競技名テコンドーの由来となっています．ただし現代のテコンドーは伝統的なテッキョンとはかなり異質ともいわれており，古来のテッキョンも少数のグループによって伝承されています．

　今は世界的に知られるようになったこの武術は，1988年ソウルオリンピックの時に公開競技として採用され，2000年シドニーオリンピックからは正式種目となりました．

　次に，シルムは日本の相撲にあたる民俗国技です．シルムの起源は三国時代に遡るとされ，高句麗の古墳壁画にもその原形が窺えます．記録としては朝鮮時代に書かれた『高麗史』に初めて見えますが，これは正月や中秋のような祝祭日に際して行われ，優勝した人には賞品として牛が授与されました．これが本格的なスポーツ競技となったのは，1982年4月からでした．シルムの競技は，直径7ｍの円形の土俵上で行われますが，現在の日本の相撲のような土俵下との段差はありません．選手はサッパ（샅바）と呼ばれる回しを腰と右足の太ももに付けて土俵に上がります．正座をして，左手で腰のサッパを，右手で太もものサッパをお互いが取り組み合って立ってから，勝負を始めます．相手の足裏以外の部分を地面につけさせた方が勝ちとなります．

（金天鶴）

第13課 어디에서 배웁니까?

Point！ ～(스)ㅂ니다. ～(스)ㅂ니까?

이유진 : 그것은 무슨 책입니까?

다나카 : 한국어 교과서입니다.

이유진 : 한국어는 어디에서 배웁니까?

다나카 : 학교에서 배웁니다.

이유진 : 재미있습니까?

다나카 : 네, 아주 재미있습니다.

1. 발음 (発音)

그것은	[그거슨]
무슨 책	[무슨책]
책입니까	[채김니까]
한국어	[한구거]
교과서	[교과서 / 교꽈서]
배웁니까	[배움니까]
재미있습니까	[재미읻씀니까]

2. 단어 （単語）

그것	それ ☞3【1】
무슨	何の
책	本(冊)

한국어	韓国語	일본어	중국어	영어
		日本語	中国語	英語

교과서	教科書
어디	どこ ☞3【1】
～에서	～で ☞72頁参照
배우다	学ぶ, 習う
～(스)ㅂ니까?	～ますか／～ですか ☞3【3】
～(스)ㅂ니다.	～ます／～です ☞3【2】

학교	学校	집	화장실	회사	은행	시장	병원	가게
		家	化粧室	会社	銀行	市場	病院	店

재미있다	おもしろい
네	はい
아주	とても, たいへん

3. 문법과 표현 （文法と表現）

【1】
이·그·저·어느 ： この・その・あの・どの

「この・その・あの・どの」には「이·그·저·어느」が対応します.

◀55

	이 この	그 その	저 あの	어느 どの
것 もの・こと	이것 これ	그것 それ	저것 あれ	어느 것 どれ
사람 人	이 사람 この人	그 사람 その人	저 사람 あの人	어느 사람 どの人
분 方	이분 この方	그분 その方	저분 あの方	어느 분 どの方
곳 場所	여기 ここ (이곳)	거기 そこ (그곳)	저기 あそこ (저곳)	어디 どこ (어느 곳)

이 건물입니까?	この建物ですか.
그 신문이 아닙니다.	その新聞ではありません.
저 사람은 의사입니다.	あの人は医者(医師)です.

53

【2】

> *用言の活用のしくみ
> 　原形：必ず「○○다」の形です.
> 　語幹：原形から「다」を取った残りの部分です.
> 　語尾：原形では「다」にあたる部分です. 韓国語の用言はここを別の
> 　さまざまな語尾におきかえることで**活用**します.

> 用言(母音語幹または큰語幹) + **ㅂ니다.**
> 用言(子音語幹) + **습니다.**　：動詞+ます／形容詞+です

　用言の語幹には, ①**母音語幹**（語幹の最終音節にパッチムがない場合　例：마시다), ②**큰語幹**（語幹の最終音節が큰の場合　例：살다), ③**子音語幹**（語幹の最終音節にパッチムがある場合　例：먹다) があります.

　用言の丁寧な平叙表現である「〜ます／〜です」は, 母音語幹には「〜ㅂ니다.」を, 큰語幹は큰を取ってから母音語幹と同じく「〜ㅂ니다.」を, 子音語幹には「〜습니다.」を付けて表します.　　　🔊56

　　　마시**다** 飲む　　　　　　　→ 마십**니다.** 飲みます

　　　길**다** 長い　　→ (기다) → 깁**니다.**　　長いです

　　　읽**다** 読む　　　　　　　　→ 읽**습니다.** 読みます

【3】

> 用言(母音語幹または큰語幹) + **ㅂ니까?**
> 用言(子音語幹) + **습니까?**　：動詞+ますか／形容詞+ですか

　用言の丁寧な疑問表現である「〜ますか／〜ですか」は, 母音語幹には「〜ㅂ니까?」を, 큰語幹は큰を取ってから母音語幹と同じく「〜ㅂ니까?」を, 子音語幹には「〜습니까?」を付けて表します.

　　　예쁘**다** きれいだ　　　　　→ 예쁩**니까?** きれいですか

　　　만들**다** 作る　→ (만드다) → 만듭**니까?** 作りますか

　　　먹**다** 食べる　　　　　　　→ 먹**습니까?** 食べますか

Q1 次の表を完成しましょう.

		用言の丁寧表現（합니다体）	
韓国語	日本語	〜ます／〜です	〜ますか／〜ですか
① 맛있다	おいしい	맛있습니다.	맛있습니까?

② 보내다	送る		
③ 덥다	暑い		
④ 기다리다	待つ		
⑤ 어렵다	難しい		
⑥ 있다	ある, いる		
⑦ 쓰다	書く, 使う, かぶる		
⑧ 공부하다	勉強(工夫)する		
⑨ 없다	ない, いない		
⑩ 멀다	遠い		

Q2　例にならって文を作りましょう.

例) 겨울 冬 / 춥다 寒い (冬は寒いですか.) → 　　겨울은 춥습니까?

① 이 この / 병원 病院 / 일하다 働く　(この病院で働きますか.)

→ _____

② 인터넷 インターネット / 재미있다 おもしろい　(インターネットはおもしろいです.)

→ _____

③ 무슨 何の / 잡지 雑誌 / 를 を / 보다 見る　(何の雑誌を見ますか.)

→ _____

④ 지하철 地下鉄 / 제일 一番(第一),最も / 빠르다 速い　(地下鉄が一番速いです.)

→ _____

⑤ 제 私の / 집 家 / 좀 ちょっと, 少し / 멀다 遠い　(私の家はちょっと遠いです.)

→ _____

Q3　次の文を日本語に訳しましょう.

① 메일을 보냅니다.　_____

② 누나가 집에서 기다립니다.　_____

③ 오늘은 매우 덥습니다.　_____

④ 무슨 수업이 있습니까?　_____

⑤ 어느 것이 맛있습니까?　_____

Q 4 次の文を韓国語に訳しましょう.

① 兄弟がいませんか.　　　　　　　　_____

② 図書館で勉強します.　　　　　　　_____

③ この教科書は難しいです.　　　　　_____

④ どの本がおもしろいですか.　　　　_____

⑤ あの建物は何ですか.　　　　　　　_____

Q 5 音声を聞いて（　　）のなかに適切な語句を入れましょう.　　🔊 57

스즈키： 그것은 (　　　　　　　　　　　　　)

김민정： (　　　　　　　　　　) 교과서입니다.

스즈키： 일본어는 (　　　　　　　　　　)

김민정： (　　　　　　　　　　　　　)

Q 6 単語の意味を探しましょう.

1	가게	23	어렵다	☐ ある, いる	☐ 建物
2	거기	24	없다	☐ あれ	☐ 見る
3	건물	25	여기	☐ おいしい	☐ 作る
4	겨울	26	영어	☐ おもしろい	☐ 雑誌
5	공부하다	27	예쁘다	☐ きれいだ, かわいい	☐ 市場
6	교과서	28	은행	☐ ここ	☐ 学ぶ, 習う
7	길다	29	이것	☐ これ	☐ 暑い
8	네	30	일본어	☐ そこ	☐ 食べる
9	덥다	31	일하다	☐ トイレ(化粧室)	☐ 新聞
10	마시다	32	읽다	☐ とても, たいへん	☐ 速い
11	만들다	33	있다	☐ どの	☐ 地下鉄
12	맛있다	34	잡지	☐ ない, いない	☐ 中国語
13	먹다	35	재미있다	☐ はい	☐ 長い
14	멀다	36	저것	☐ 一番(第一), 最も	☐ 店
15	무슨	37	제일	☐ 飲む	☐ 冬
16	배우다	38	중국어	☐ 英語	☐ 働く
17	보다	39	지하철	☐ 遠い	☐ 読む
18	빠르다	40	집	☐ 何の	☐ 難しい
19	시장	41	책	☐ 家	☐ 日本語
20	신문	42	춥다	☐ 寒い	☐ 勉強(工夫)する
21	아주	43	화장실	☐ 教科書	☐ 本(冊)
22	어느			☐ 銀行	

56

13 民間信仰

　民間信仰は現在も基層文化として，社会の端々に面影をとどめています．田舎の村の入り口には，木や石で作られた男女の立像がしばしば見受けられます．これはチャンスン(장승)といい，村の境界のしるしであると同時に，村を災いから守ってくれる守護神でもあります．村祭りの際には，祭神として村の人々に祭られていました．地方によってさまざまなタイプや名称がありますが，木製で男女像にそれぞれ「天下大将軍」「地下女将軍」という文字が刻まれているのが最も一般的です．済州島でよく見かけるトルハルバン(돌하르방)もこうしたチャンスンの一種です．チャンスンには文化財に指定されたものもあり，ソウルの国立民俗博物館で見ることができます．

　韓国の民間信仰を代表するものとしては，シャーマニズムがあげられます．シャーマニズムとは，超自然的存在と霊的能力者(シャーマン)の交信を通じて予言や占い・病気治療などを行うもので，日本のイタコやユタを含め，世界各地でみられる宗教現象です．韓国ではこうしたシャーマンをムーダン(무당)，マンシンなどと呼び，その儀式をクッ(굿)といいます．クッはチャンゴ(太鼓の一種)やケンガリ(銅鑼の一種)などを打ち鳴らし，大音響をとどろかせながら行います．

　ムーダンは神から直接霊感を授かり，人の未来を予言したり，病気を治したりします．ムーダンが祭る神には仏教の仏や道教の神，山の神など，様々な宗教的要素が混在しています．ムーダンは主として女性ですが，まれに男性もおり，これはパクス(박수)と呼ばれます．

　ムーダンやクッは，ソウルの街中でも70年代頃までみられました．しかし急速な近代化とともに迷信として排除され，伝統的な村祭りや民間信仰の衰退ともあいまって，社会の表面から姿を消していったのです．80年代以降は民族文化として見直す動きが表れ，無形文化財や人間国宝に指定されるなどの保護策がとられるようになりました．

ともあれムーダンとその信仰は形を変えつつ，今も根強く受け継がれています．最近ではインターネットを通じて活動するムーダンが相次いで登場し，話題となっています．

(金天鶴)

数詞のまとめ

（[　]内は発音）

【1】漢字語数詞

🔊 58

1	2	3	4	5	6	7	8	9	10
일	이	삼	사	오	육	칠	팔	구	십

11	12	13	14	15	16	17	18	19	20
십일 [시빌]	십이 [시비]	십삼 [십쌈]	십사 [십싸]	십오 [시보]	십육 [심뉵]	십칠	십팔	십구 [십꾸]	이십

0（零 / 空）	百	千	万	億	兆
영 / 공	백	천	만	억	조

◆漢字語数詞で数える場合

数詞と助数詞は分かち書きをすることが原則ですが，お金や順序を表す場合や年月日・時刻など，つなげて書いてもかまわない場合があります．本書は年月日のみつなげて表記しています．

ウォン 〈韓国の通貨単位〉	원	百ウォン	백 원
		1万ウォン	**만** 원*
		1千万ウォン	**천만** 원*
年・月・日	년・월・일	2010年5月26日	이천십년 오월 이십육일
週間（週日）	주일	3週間	삼 주일
分・秒	분・초	6分40秒	육 분 사십 초
階（層）	층	7階	칠 층
人前（人分）	인분	8人前	팔 인분
年生（学年）	학년	1年生	일 학년
番	번	789123番	칠팔구일이삼 번
〈電話番号〉		02-2134-6578	영（공）이의 이일삼사의 육오칠팔

＊1万や1千万の場合，1にあたる「일」は使いません．
＊「何番」，「何年生」などの数字を問う「何」には「몇」を使います．

Q　次の文の数字もハングルで表記し，韓国語に訳しましょう．

① A：おいくらですか．　　　　　　　　　_____

　　B：15800ウォンです．　　　　　　　_____

② A：電話番号は何番ですか．　　　　　_____

　　B：私の電話番号は010-3486-7290です．_____

③ A：何年生ですか.　　　　　＿＿＿＿＿＿＿＿＿＿＿＿＿

　　B：1年生です.　　　　　　　＿＿＿＿＿＿＿＿＿＿＿＿＿

【2】 固有語数詞 (助数詞を付ける時は括弧の中を使用)　　　🔊59

一つ 하나 (한)	二つ 둘 (두)	三つ 셋 (세)	四つ 넷 (네)	五つ 다섯	六つ 여섯	七つ 일곱	八つ 여덟 [여덜]	九つ 아홉	十 열
十一 열하나 (열한)	十二 열둘 [열뚤] (열두)	十三 열셋 [열쎋] (열세)	十四 열넷 [열렏] (열네)	十五 열다섯 [열따섣]	十六 열여섯 [열려섣]	十七 열일곱 [열릴곱]	十八 열여덟 [열려덜]	十九 열아홉	二十 스물 (스무)

三十 서른	四十 마흔	五十 쉰	六十 예순	七十 일흔	八十 여든	九十 아흔	百 백

◆固有語数詞で数える場合　　　🔊60

時	시		1時	한 시
個	개		2個	두 개
回，度(番)〈回数〉	번		3回	세 번
冊(巻)	권		4冊	네 권
枚(張)	장		5枚	다섯 장
瓶	병		11瓶	열한 병
杯(盞)	잔		22杯	스물두 잔
匹	마리		33匹	서른세 마리
名	명		44名	마흔네 명
歳	살		20歳	스무 살

Q 次の文の数字もハングルで表記し，韓国語に訳しましょう.

① A：何歳ですか.　　　　　　＿＿＿＿＿＿＿＿＿＿＿＿＿

　　B：21歳です.　　　　　　　　＿＿＿＿＿＿＿＿＿＿＿＿＿

② A：授業は何時からですか.　　＿＿＿＿＿＿＿＿＿＿＿＿＿

　　B：1時30分からです.　　　　＿＿＿＿＿＿＿＿＿＿＿＿＿

③ A：犬は何匹ですか.　　　　　＿＿＿＿＿＿＿＿＿＿＿＿＿

　　B：二匹です.　　　　　　　　＿＿＿＿＿＿＿＿＿＿＿＿＿

第14課 덥지 않습니까?

Point! ～지 않다 안～

🔊 61

이유진: **다나카 씨, 덥지 않습니까?**

다나카: **네, 안 덥습니다.**

이유진: **도쿄의 여름은 어떻습니까?**

다나카: **서울과 거의 같습니다.**

이유진: **장마도 있습니까?**

다나카: **예, 6월부터 장마가 시작됩니다.**

1. 발음 (発音)

다나카 씨	[다나카씨]
덥지 않습니까	[덥찌안씀니까]
안 덥습니다	[안덥씀니다]
도쿄의	[도쿄에]
여름은	[여르믄]
어떻습니까	[어떧씀니까]
같습니다	[갇씀니다]
있습니까	[읻씀니까]
6월부터	[유월부터]
시작됩니다	[시작뙴니다]

2. 단어 (単語)

덥다	暑い
～지 않다	用言の否定表現〈原形〉 ☞ 3【1】
안～	用言の否定表現〈原形〉 ☞ 3【2】
～의	～の ◆ 発音は［에］
여름	夏

봄	가을	겨울
春	秋	冬

어떻다	どうだ ☞ 付録ㅎ変則参照
서울	ソウル ◆ 韓国の首都
～와/과	～と ☞ 3【3】
거의	ほとんど，ほぼ
같다	同じだ
장마	梅雨

비	눈
雨	雪

～도	～も
있다	ある，いる
6(유)월	六月 ☞ 58頁参照

◀ 62

1月	2月	3月	4月	5月	6月
일월	이월	삼월	사월	오월	유월
7月	8月	9月	10月	11月	12月
칠월	팔월	구월	시월	십일월	십이월

～부터	～から ◆ 時間の起点を表す助詞 ☞ 72頁参照
시작되다	始まる(始作－)

3. 문법과 표현 (文法と表現)

【1】
> 用言＋**지 않다** ： 用言の否定表現〈原形〉

　　用言の否定表現は，原形の語幹に「～**지 않다**」を付けて表します．さらに丁寧な表現にするときには「～**지 않다**」の「～**다**」を取ってから「～**습니다.**」「～**습니까?**」を付けます．

◀ 63

　　오**다** 来る → 〈오**지 않다**〉 → 오지 않**습니다.** 来ません

　　춥**다** 寒い → 〈춥**지 않다**〉 → 춥지 않**습니까?** 寒くありませんか

61

공부하**다** → 〈공부하**지 않다**〉 → 공부하지 않**습니까?**
勉強(工夫)する　　　　　　　　　　　　勉強しませんか

【2】

> **안**＋用言　：　用言の否定表現〈原形〉

用言の前に「**안**」を付けることで,「**〜지 않다**」と同じ意味を表します. ただし,**名詞に「하다」が付いてできた用言の場合は「하다」のすぐ前に「안」を入れます.**

마시다　飲む → 〈**안** 마시다〉 → 안 마**십니다.** 飲みません

많다　多い　 → 〈**안** 많다〉 → 안 많**습니까?** 多くありませんか

운동하다　 → 〈운동 **안** 하다〉 → 운동 안 **합니다.**
　　運動する　　　　　　　　　　　　　　運動しません

【3】

> 助詞　**〜と**　：　(パッチムなし：母音で終わる語)＋**와**
> 　　　　　　　　(パッチムあり：子音で終わる語)＋**과**

助詞「〜と」には「**〜와/과**」が対応します. 同じ意味の助詞として「**〜하고**」もあり, これはパッチムの有無と関係なく使えます.

노트**와** 책　　　　　　　　ノート**と**本(冊)

책**과** 노트　　　　　　　　本(冊)**と**ノート

어머니**하고** 아버지　　　　お母さん**と**お父さん

Q1　次の表を完成しましょう.

韓国語	日本語	用言の否定表現	
		〜ません／〜(く)ありません	
① 가다	行く	가지 않습니다.	안 갑니다.
② 먹다	食べる		
③ 쓰다	書く, 使う,かぶる, かける		
④ 작다	小さい		
⑤ 내리다	降りる		
⑥ 읽다	読む		
⑦ 오다	来る, 降る		
⑧ 공부하다	勉強(工夫)する		
⑨ 일하다	働く		
⑩ 길다	長い		

Q 2 例にならって文を作りましょう.

例) 대구 大邱 ／ 부산 釜山 ／ 덥다 暑い（大邱と釜山は暑くありませんか.）

→ _____ 대구와 부산은 덥지 않습니까? ／ 안 덥습니까? _____

① 주말 週末 ／ 바쁘다 忙しい （週末は忙しくありませんか.）

→ _____

② 매일 毎日 ／ 날씨 天気 ／ 좋다 よい, いい （毎日, 天気がよくありません.）

→ _____

③ 한국어 수업 韓国語の授業 ／ 어렵다 難しい （韓国語の授業は難しくありませんか.）

→ _____

④ 밤 夜 ／ ～에는 ～には ／ 전화하다 電話する （夜には電話しません.）

→ _____

⑤ 이 この ／ 지갑 財布(紙匣) ／ 가방 カバン ／ 백화점 デパート(百貨店) ／
팔다 売る （この財布とカバンはデパートでは売っていません.）

→ _____

Q 3 次の文を日本語に訳しましょう.

① 신문은 읽지 않습니까? _____

② 이 바지는 안 작습니다. _____

③ 저녁은 식당에서 먹지 않습니까? _____

④ 여기는 비가 안 옵니다. _____

⑤ 집에서는 공부 안 합니다. _____

Q 4 次の文を韓国語に訳しましょう.

① 友だちと一緒に行きませんか. _____

② ここで降りませんか. _____

③ メガネはかけません. _____

④ 日曜日には働きませんか. _____

⑤ ソウルの秋は長くありません. _____

Q5 音声を聞いて（　　）のなかに適切な語句を入れましょう.　　🔊 64

김민정 : 도쿄의 겨울은 （　　　　　　　　　　　　　）

스즈키 : （　　　　　　　　　　　）

김민정 : 눈도 （　　　　　　　　　）

스즈키 : 네, 가끔 （　　　　　　　　　）

Q6 単語の意味を探しましょう.

1 가다	24 쓰다	□ ある, いる	る, かける
2 가방	25 아버지	□ カバン	□ 小さい
3 가을	26 어떻다	□ ズボン	□ 食べる
4 같다	27 어렵다	□ ソウル〈地名〉	□ 食堂
5 같이	28 여름	□ デパート(百貨店)	□ 新聞
6 거의	29 오다	□ どうだ	□ 雪
7 날씨	30 운동하다	□ よい, いい	□ 天気
8 눈	31 월	□ 一緒に	□ 電話する
9 덥다	32 유월	□ 飲む	□ 働く
10 마시다	33 일요일	□ 雨	□ 同じだ
11 매일	34 일하다	□ 運動する	□ 読む
12 먹다	35 읽다	□ 夏	□ 難しい
13 바쁘다	36 있다	□ 寒い	□ 日曜日
14 바지	37 작다	□ 月	□ 梅雨
15 밤	38 장마	□ 行く	□ 売る
16 백화점	39 전화하다	□ 財布(紙匣)	□ 父
17 봄	40 좋다	□ 始まる(始作-)	□ 忙しい
18 비	41 주말	□ 秋	□ ほとんど, ほぼ
19 서울	42 지갑	□ 週末	□ 毎日
20 시월	43 춥다	□ 十月	□ 夜
21 시작되다	44 친구	□ 春	□ 友だち(親旧)
22 식당	45 팔다	□ 暑い	□ 来る
23 신문		□ 書く, 使う, かぶ	□ 六月

14 韓国の宗教

　一般に韓国は儒教の国と言われています．儒教はすでに古代から一種の政治理念として導入されていましたが，高麗時代末期，より総合的な思想体系としての朱子学(性理学)がもたらされ，朝鮮時代にはそれが国の政治や倫理・宗教の中心として重視されるようになりました．冠婚葬祭の儀礼から日常生活に至るまで，儒教の規範が深く浸透していったのです．しかし儒教は元来宗教的な側面が弱いこともあり，現在では宗教というよりは，あくまで伝統的な文化・思想として認識されるようになっています．

　現在の韓国の主な宗教には仏教，キリスト教などがあります．仏教は三国時代に高句麗(372年)・百済(384年)・新羅(527年)の順に中国から公伝し，発展を遂げます．三国の仏教文化は飛鳥・奈良時代の日本にも深い影響を及ぼしたとされます．高麗時代にも引き続き燃燈会・八関会などの仏教儀礼が盛んに行われました．しかし，朝鮮時代に入ると仏教は徐々に抑圧され，勢力が限られていきます．

　キリスト教は現代韓国で，カトリック(天主教)，プロテスタント(基督教または改新教)いずれも広く普及しています．カトリック教会は聖堂(성당)と呼ばれます．カトリックは朝鮮時代の17世紀末に西学(西洋の思想)の一つとして初めて紹介され，18世紀には徐々に布教が進みます．祖先祭祀を重視する儒教の考えと対立を生じたことから，王朝から激しい迫害を受けたこともありますが，19世紀末に信仰が自由化されて以後は広く定着していきました．

　一方同じく19世紀末から布教が自由化されたプロテスタントは，各教派団体による医療・教育などの多角的な社会活動を通じて急速に広がりました．韓国の都会の夜景を眺めると，赤い十字架のネオンの多さにあらためて驚かされます．統計によると，韓国国民の半分に近い人々が宗教を信仰しており，内訳はプロテスタントが一番多く，その次が仏教で，プロテスタントの半分に近いカトリックまで合わせると宗教を持っている人の95%以上を占めます．昔から「韓国は儒教の国」といわれてきましたが，儒教を自分の宗教として認識している韓国人はほんのわずかしか残っていません．

(金天鶴)

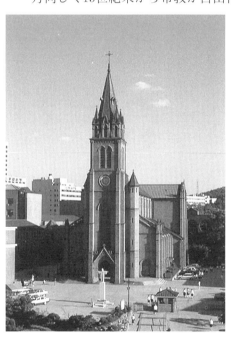

ソウル・明洞聖堂

第15課 생일이 언제예요?

Point! ~예요 / 이에요

다나카: 유진 씨, 생일이 언제예요?

이유진: 11월 23일이에요.

다나카 씨 생일은 몇 월 며칠이에요?

다나카: 제 생일은 오늘이에요.

이유진: 정말이에요? 그럼 20살이에요?

다나카: 아뇨, 20살이 아니에요.

아직 19살이에요.

1. 발음 (発音)

유진 씨	[유진씨]
생일이	[생이리]
언제예요	[언제에요]
11월	[시비뤌]
23일이에요	[이십싸미리에요]
몇 월 며칠이에요	[며뒬며치리에요]
생일은	[생이른]
오늘이에요	[오느리에요]
정말이에요	[정마리에요]
20살이에요	[스무사리에요]
19살이에요	[여라홉싸리에요]

2. 단어 (単語)

생일	誕生日 (生日)
언제	いつ
~예요 / 이에요?	体言＋ですか　☞3【1】
~예요 / 이에요.	体言＋です　☞3【1】
11 (십일)	十一　☞58頁参照
월	月
23 (이십삼)	二十三　☞58頁参照
일	日
몇	幾つ, 何
며칠	何日
제	私の
오늘	今日

어제	내일	모레
昨日	明日 (来日)	明後日

정말	本当, 本当に
그럼	それでは, それなら　♦「그러면」の縮約形

그리고	그러나	그런데
そして	しかし	ところが, けれど, ところで

살	歳
20 (스무) 살	二十歳　☞59頁参照
~가/이 아니에요.	~ではありません　☞3【2】
아직	まだ
19 (열아홉)	十九　☞59頁参照

3. 문법과 표현 (文法と表現)

【1】

> ＊합니다体・해요体
>
> 「~ます／~です」に対応する表現には二つあります. おもに, かしこまった場面では**합니다体**を, 打ち解けた場面では**해요体**を用います. 両方混ぜて使ってもかまいません.

【1】

体言（母音で終わる語）＋ **예요.**	: 体言＋です
体言（子音で終わる語）＋ **이에요.**	

体言（母音で終わる語）＋ **예요?**	: 体言＋ですか
体言（子音で終わる語）＋ **이에요?**	

「〜이다」の丁寧表現として第11課で覚えた「〜입니다.」「〜입니까?」は**합니다体**と呼びます．それに対する【1】は**해요体**になります．最終音節が母音で終わる場合は「〜**예요.**」「〜**예요?**」を，子音で終わる場合は「〜**이에요.**」「〜**이에요?**」を付けます．

🔊66

숙제	<u>宿題</u>	→	숙제**예요.**	宿題です
아침	朝, 朝食	→	아침**이에요.**	朝です / 朝食です
전화	<u>電話</u>	→	전화**예요?**	電話ですか
저녁	夕方, 夕食	→	저녁**이에요?**	夕方ですか / 夕食ですか

【2】

体言（母音で終わる語）＋ **가 아니에요.**	: 体言＋ではありません
体言（子音で終わる語）＋ **이 아니에요.**	

体言（母音で終わる語）＋ **가 아니에요?**	: 体言＋ではありませんか
体言（子音で終わる語）＋ **이 아니에요?**	

「〜이다」の否定表現として第12課で覚えた「〜가/이 아닙니다.」「〜가/이 아닙니까?」などの語尾は**합니다体**です．【2】の語尾はそれに対する**해요体**です．最終音節が母音で終わる場合は「〜**가 아니에요.**」「〜**가 아니에요?**」を，子音で終わる場合は「〜**이 아니에요.**」「〜**이 아니에요?**」を付けます．

오빠	(妹からの)兄	→	오빠**가 아니에요.**	兄ではありません
연필	<u>鉛筆</u>	→	연필**이 아니에요.**	鉛筆ではありません
오후	<u>午後</u>	→	오후**가 아니에요?**	午後ではありませんか
점심	昼, 昼食(<u>点心</u>)	→	점심**이 아니에요?**	昼食ではありませんか

Q 1 次の表を完成しましょう.

韓国語	日本語	해요体 体言＋です	体言＋ではありません
①형	(弟から)兄	형이에요.	형이 아니에요.
②감기	風邪(感気)		
③책	本(冊)		
④모자	帽子		
⑤내일	明日(来日)		
⑥취미	趣味		
⑦지갑	財布(紙匣)		
⑧학생	学生		
⑨저기	あそこ		
⑩안경	眼鏡		

Q 2 例にならって해요体の文を作りましょう.（数字もハングルで表記すること）

例）소방서 전화번호 消防署の電話番号 ／ 몇 번 何番
（消防署の電話番号は何番ですか. 119です.）

→ ___소방서 전화번호가 몇 번이에요?___　___일일구예요.___

① 몇 학년 何年生(学年)　（何年生ですか. 1年生です.）

→ _____

② 여름방학 夏休み(-放学) ／ 몇 월 何月 ／ ～부터 ～から
（夏休みは何月からですか. 7月からです.）

→ _____

③ 지금 今(只今) ／ 몇 시 何時 ／ 오전 午前　（今何時ですか. 午前10時です.）

→ _____

④ 학생 学生 ／ 식당 食堂 ／ 층 階(層)　（学生食堂は2階ではありません.）

→ _____

⑤ 수업 授業 ／ 시 時　（授業は4時からではありませんか.）

→ _____

Q 3 次の文を日本語に訳しましょう.

① 화장실이 어디예요? ＿＿＿＿＿＿＿＿＿＿＿＿＿＿

② 저기는 병원이 아니에요? ＿＿＿＿＿＿＿＿＿＿＿＿＿＿

③ 오늘이 무슨 요일이에요? ＿＿＿＿＿＿＿＿＿＿＿＿＿＿

④ 내일은 제 생일이 아니에요. ＿＿＿＿＿＿＿＿＿＿＿＿＿＿

⑤ 이것은 제 전화번호가 아니에요. ＿＿＿＿＿＿＿＿＿＿＿＿＿＿

Q 4 次の文を解요体の韓国語に訳しましょう.

① 約束はいつですか. ＿＿＿＿＿＿＿＿＿＿＿＿＿＿＿＿

② 試験は午後ではありませんか. ＿＿＿＿＿＿＿＿＿＿＿＿＿＿

③ お名前は何ですか. ＿＿＿＿＿＿＿＿＿＿＿＿＿＿＿＿

④ これは私の眼鏡ではありません. ＿＿＿＿＿＿＿＿＿＿＿＿＿＿

⑤ 私は大学2年生です. ＿＿＿＿＿＿＿＿＿＿＿＿＿＿＿＿

Q 5 音声を聞いて（ ）のなかに適切な語句を入れましょう. ◀67

스즈키 : 민정 씨, 오늘 (）

김민정 : (）이에요. 오늘은 제 (）

스즈키 : (）이에요? (）

Q 6 単語の意味を探しましょう.

1 감기	16 오빠	☐ (学校の)休み (放学)	☐ 歳
2 그러나	17 오전	☐ (弟から)兄	☐ 財布 (紙匣)
3 그런데	18 오후	☐ (妹から)兄	☐ 試験
4 그리고	19 요일	☐ しかし	☐ 誕生日 (生日)
5 내일	20 월	☐ そして	☐ 朝, 朝食
6 며칠	21 이름	☐ トイレ (化粧室)	☐ 日
7 방학	22 일	☐ ところが, ところで	☐ 年生 (学年)
8 병원	23 저녁	☐ まだ	☐ 病院
9 살	24 정말	☐ 鉛筆	☐ 風邪 (感気)
10 생일	25 지갑	☐ 何日	☐ 本当, 本当に
11 시험	26 층	☐ 階 (層)	☐ 名前
12 아직	27 학년	☐ 眼鏡	☐ 明日 (来日)
13 아침	28 형	☐ 月	☐ 夕方, 夕食
14 안경	29 화장실	☐ 午後	☐ 曜日
15 연필		☐ 午前	

15 世界文化遺産

　韓国では1995年に3つ，1997年以後もさらに数ヵ所が世界文化遺産に登録されています．2004年には，北朝鮮や中国集安県にある高句麗の古墳壁画が登録されました．ここでは1995年に韓国で初めて登録された宗廟，仏国寺と石窟庵，さらに海印寺の蔵経版殿について紹介します．

　宗廟は朝鮮時代，歴代の王と王妃(追尊を含む)の霊を祀るための建物です．宗廟の建設は，朝鮮が今のソウルに遷都した1394年から始められ，翌年完成しました．創建当初は正面7間と左右に2間の建物でしたが，徐々に増築され19間となりました．現在の建物は16世紀末に再建されたものです．ここでは今なお毎年，旧王族の主催で儒教の古式に則った祭祀(宗廟祭礼)が行われており，500年以上の伝統を誇る文化儀礼として評価されています．

　仏国寺は慶州市東部，吐含山の山麓にあり，751年から23年の歳月を費やして774年に完成しました．仏国寺は，文字通り理想的な仏の国の再現を目指して創建されたと思われます．中でも石造でありながら木造仏塔のように作り上げられている多宝塔，構成各部分がよく調和した釈迦塔などは，その芸術性・技法の両面で特徴ある建築様式として高く評価されています．他に青雲橋，白雲橋なども見どころです．石窟庵も仏国寺と同じ時期に完成しました．石窟庵は仏国寺より東海岸に程近い吐含山中にあります．創建当時は石仏寺と呼ばれました．石窟に収められた釈迦如来像，十一面観音菩薩像などの彫刻は東アジア仏教彫刻の傑作と評価されています．

　海印寺の高麗大蔵経は，約八万枚に及ぶ版木からなる仏典の集大成で，16年の歳月を費やして1251年に一度完成しましたが，その後モンゴルの侵攻によって焼失したため1351年までに再度彫造されました．現在書籍として伝わる高麗大蔵経もすべてこの版木から印刷されたものです．これらの仏典を納めるための倉庫建築がいわゆる蔵経版殿です．東大寺校倉などに代表される日本の経蔵は，湿気を防ぐために四本の柱を立てて倉が地面から離れるように工夫されています．しかし，海印寺の経蔵は地上にじかに建てられているにもかかわらず，木版が完成してから750年以上の歳月を経ているのに良好な保存状態を保っています．それは地面に炭，砂利，砂を混ぜるなど，湿気防止のための独特の工夫によるものとされています．　　　(金天鶴)

助詞のまとめ 🔊68

			パッチムなし （母音で終わる場合）	ㄹで 終わる場合	パッチムあり （子音で終わる場合）
は		는/은	저**는** 스즈키입니다. 私は鈴木です.		이것**은** 사전입니다. これは辞書です.
が		가/이	노트**가** 있습니다. ノートがあります.		저 분**이** 이 선생님입니다. あの方が李先生です.
を		를/을	의자**를** 샀습니다. 椅子を買いました.		밥**을** 먹었습니다. ご飯を食べました.
と		와/과	넥타이**와** 구두　ネクタイと靴		케익**과** 우유　ケーキと牛乳
		하고	책**하고** 가방　本とカバン		
		랑/이랑	친구**랑** 갔습니다. 友達と行きました.		남동생**이랑** 같이 보겠습니다. 弟と一緒に見ます.
も		도	남동생**도** 있습니다.　弟もいます.		
の		의	언니**의** 가방입니다.　姉のカバンです.		
だけ		만	이것**만** 주세요.　これだけください.		
に	時	에	열 시**에** 일어납니다.　10時に起きます.		
	場所		학교**에** 갑니다.　学校に行きます.		
	人・動物	에게	친구**에게** 편지를 씁니다.　友だちに手紙を書きます.		
		한테	동생**한테** 선물을 줍니다.　弟(妹)にプレゼントをあげます.		
	目上の人	께	이것은 아버지**께** 드립니다.　これは父に差し上げます.		
へ	方向	로/으로	학교**로** 갑니다. 学校へ行きます.		병원**으로** 갑니다. 病院へ行きます.
で	材料		책상은 나무**로** 만듭니다. 机は木で作ります.		흙**으로** 만듭니다. 土で作ります.
			얼음은 물**로** 만듭니다.　氷は水で作ります.		
	道具 手段		비행기**로** 갑니다.　飛行機で行きます.		볼펜**으로** 쓰세요. ボールペンで書い てください.
			메일**로** 보내세요.　メールで送ってください.		
	場所	에서	회사**에서** 일합니다.　会社で働きます.		
から	順序	부터	아이들**부터** 탑니다.　子供たちから乗ります.		
	起点　時		열두 시**부터** 쉽니다.　12時から休みます.		
	起点　場所	에서	학교**에서** 한 시간 걸립니다.　学校から1時間かかります.		
	人・動物	에게서	형**에게서** 연락이 있었습니다.　兄から連絡がありました.		
		한테서	친구**한테서** 전화가 왔습니다.　友だちから電話が来ました.		
まで		까지	오후 다섯 시**까지** 일합니다.　午後5時まで働きます.		
			학교**까지** 갑니다.　学校まで行きます.		

Q 適切な助詞を入れて文章を完成しましょう. 🔊 69

① 저(　　　　) 시간(　　　　) 없습니다.
　　私は時間がありません.

② 형(　　　　) 학교(　　　　) 한국어(　　　　) 배웁니다.
　　兄は学校で韓国語を学びます.

③ 영화(　　　　) 시작됩니다.
　　映画が始まります.

④ 선생님(　　　　) 기다립니다.
　　先生を待ちます.

⑤ 이름(　　　　) 연필(　　　　) 씁니까?
　　名前も鉛筆で書きますか.

⑥ 시장(　　　　) 갑니다.
　　市場に行きます.

⑦ 그 책은 도서관(　　　　) 있습니까?
　　その本は図書館にありますか.

⑧ 학교(　　　　) 지하철(　　　　) 다닙니다.
　　学校には地下鉄で通います.

⑨ 이 버스는 9시(　　　　) 오사카(　　　　) 떠납니다.
　　このバスは9時に大阪へ発ちます.

⑩ 이것은 젓가락(　　　　) 먹습니까?
　　これはお箸で食べますか.

⑪ 1시(　　　　) 3시(　　　　) 수업(　　　　) 듣습니다.
　　1時から3時まで授業を聞きます.

⑫ 친구(　　　　) 전화합니다.
　　友だちに電話します.

⑬ 언니(　　　　) 저(　　　　) 일찍 잡니다.
　　姉と私は早く寝ます.

⑭ 집(　　　　) 학교(　　　　) 30분 걸립니다.
　　家から学校まで30分かかります.

⑮ 친구(　　　　) 연락(　　　　) 옵니다.
　　友だちから連絡が来ます.

第16課 어디 살아요?

Point! ～아요 / 어요 / 여요

다나카 : 유진 씨는 어디 살아요?

이유진 : 수원에서 가족하고 같이 살아요.

다나카 : 형제가 많아요?

이유진 : 아뇨, 언니가 1명 있어요.

다나카 : 집에서 학교까지는 멀지 않아요?

이유진 : 좀 멀어요. 1시간 30분 정도 걸려요.

1. 발음 (発音)

유진 씨는	[유진씨는]
살아요	[사라요]
수원에서	[수워네서]
가족하고	[가조카고]
같이	[가치]
많아요	[마나요]
1명	[한명]
있어요	[이써요]
학교까지는	[학꾜까지는]
멀지 않아요	[멀지아나요]
1시간	[한시간]
30분 정도	[삼십뿐정도]

2. 단어 (単語)

어디	どこ
살다	住む，暮す，生きる
～아요 / 어요 / 여요?	～ますか／～ですか ☞3【1】
～아요 / 어요 / 여요.	～ます／～です ☞3【1】
수원	水原 ◆地名
～에서	～で ☞72頁参照
가족	家族
～하고	～と
같이	一緒に
형제	兄弟
많다	多い
언니	(妹から)姉

누나	오빠	형
(弟から)姉	(妹から)兄	(弟から)兄

1(한)명	一人(名) ☞59頁参照
집	家
～에서	～から〈場所の起点〉 ☞72頁参照
～까지	～まで〈場所の終点〉 ☞72頁参照
멀다	遠い
～지 않다	用言の否定表現 ☞61頁参照
좀	ちょっと，少し
1(한)시간	一時間 ☞59頁参照
30(삼십)분	30分 ☞58頁参照
정도	程度
걸리다	(日時などが)かかる，(風邪などに)かかる ☞3【2】

3. 문법과 표현 (文法と表現)

【1】

> 用言 (ㅏㅗ語幹) ＋ **아요.**
> 用言 (ㅏㅗ以外語幹) ＋ **어요.** ⎫ : 動詞＋ます／形容詞＋です
> 用言 (하다用言語幹) ＋ **여요.** ⎭

用言 (ㅏㅗ語幹) + **아요?**	
用言 (ㅏㅗ以外語幹) + **어요?**	：動詞＋ますか／形容詞＋ですか
用言 (하다用言語幹) + **여요?**	

第13課で覚えた用言の丁寧表現「～(스)ㅂ니다.」「～(스)ㅂ니까?」は**합니다体**で，【1】の語尾はそれに対する**해요体**です．**해요体**は前後の文脈によっては軽い命令の「～(し)なさい」や勧誘の「～(し)ましょう」の意味を表す場合もあります．語幹の母音の種類などによって，以下のような**3通りの活用**をします． ◀ 71

①語幹の最終音節が**陽母音（ㅏ ㅗ）**の場合　　　：「～**아요.**」「～**아요?**」

　받다 もらう　　→ **받아요.**　もらいます

　좋다 よい　　　→ **좋아요?**　よいですか

②語幹の最終音節が**陰母音（ㅏ ㅗ 以外）**の場合：「～**어요.**」「～**어요?**」

　먹다 食べる　　→ **먹어요.**　食べます

　늦다 遅い　　　→ **늦어요?**　遅いですか

③**하다用言**の場合　　　　　　　　　　　　：「～**여요.**」「～**여요?**」

　口語表現では通常，「～**해요.**」「～**해요?**」になります．

　공부하다 勉強する　→〈**공부하여요.**〉→ **공부해요.**　勉強します

　좋아하다 好きだ　　→〈**좋아하여요?**〉→ **좋아해요?**　好きですか

【2】 母音語幹の場合に起こる縮約 ◀ 72

母音の脱落			
ㅏ + 아 → ㅏ	가다 行く	→ 가**아**요	→ 가요
ㅓ + 어 → ㅓ	서다 立つ	→ 서**어**요	→ 서요
ㅐ + 어 → ㅐ	보내다 送る	→ 보내**어**요	→ 보내요
ㅕ + 어 → ㅕ	펴다 広げる	→ 펴**어**요	→ 펴요
母音の合成			
ㅗ + 아 → ㅘ	오다 来る	→ 오**아**요	→ 와요
ㅜ + 어 → ㅝ	주다 くれる, やる, あげる	→ 주**어**요	→ 줘요
ㅣ + 어 → ㅕ	걸리다 かかる	→ 걸리**어**요	→ 걸려요
ㅚ + 어 → ㅙ	되다 なる	→ 되**어**요	→ 돼요

Q1 次の表を完成しましょう．

		用言の丁寧表現（해요体）	
韓国語	日本語	～ます ／ ～です	～ません／～(く)ありません
①작다	小さい	작아요.	작지 않아요.

76

②맞다	合う，当たる		
③입다	着る		
④운동하다	運動する		
⑤많다	多い		
⑥쉬다	休む		
⑦읽다	読む	읽어요.	안 읽어요.
⑧만나다	会う		
⑨짜다	しょっぱい		
⑩마시다	飲む		
⑪배우다	学ぶ，習う		
⑫보내다	送る		
⑬일하다	働く		
⑭시작하다	始める(始作-)		

Q2　例にならって해요体の文を作りましょう.

例)　언니 (妹から)姉 / 친구 友だち(親旧) / 아주 とても / 많다 多い
　　　(姉は友だちがとても多いです.)

　　→　　　　언니는 친구가 아주 많아요.

①　오늘 今日 / 약속 約束 / 있다 ある　(今日は約束があります.)

　　→ _____

②　저 私 / 어머니 母 / 정말 本当に / 사랑하다 愛する
　　(私は母を本当に愛しています.)

　　→ _____

③　월요일 月曜日 / 집 家 / 영화 映画 / 보다 見る
　　(月曜日には家で映画を見ます.)

　　→ _____

④　형 (弟から)兄 / 회사 会社 / 다니다 通う　(兄は会社に通っています.)

　　→ _____

⑤　그 その / 모자 帽子 / 비싸다 (値段が)高い　(その帽子は高くないですか.)

　　→ _____

Q 3 次の文を日本語に訳しましょう.

① 오늘은 수업이 한 시간 있어요. _____

② 영화는 몇 시에 시작해요? _____

③ 이 된장찌개는 너무 짜요. _____

④ 토요일에는 공부하지 않아요. _____

⑤ 다나카 씨는 아직 안 와요? _____

Q 4 次の文を해요체の韓国語に訳しましょう.

⑴ お昼は友だちと一緒に食べますか. _____

② 姉は病院で働いています. _____

③ 朝には牛乳を飲みます. _____

④ 週末には約束がありません. _____

⑤ 明日は運動しません. _____

Q 5 音声を聞いて（　　）のなかに適切な語句を入れましょう.　🔊73

김민정 : 스즈키 씨 (　　　　　　　　　　　　　　　)

스즈키 : 오늘은 (　　　　　　　　　　　　　　　)

　　　　　민정 씨는 (　　　　　　　　　　　　　)

김민정 : 아뇨 , 저는 형제가 (　　　　　　　　　　　)

Q 6 単語の意味を探しましょう.

1 가족	14 시작하다	□ (値段が)高い	□ <u>家族</u>
2 같이	15 약속	□ (弟から)姉	□ 来る
3 걸리다	16 언니	□ (妹から)姉	□ <u>兄弟</u>
4 너무	17 없다	□ あまりに, 非常に	□ 好む, 好きだ
5 누나	18 영화	□ (日時などが)か	□ 住む, 暮らす,
6 늦다	19 오다	かる	生きる
7 다니다	20 정도	□ 塩辛い, しょっぱい	□ 始める(<u>始作</u>-)
8 많다	21 좋다	□ ない, いない	□ 多い
9 모자	22 좋아하다	□ もらう, 受ける	□ 遅い
10 받다	23 짜다	□ よい, いい	□ 通う
11 비싸다	24 형제	□ 愛する	□ <u>程度</u>
12 사랑하다		□ 一緒に	□ <u>帽子</u>
13 살다		□ <u>映画</u>	□ <u>約束</u>

16 韓国の歴史名所

　歴史に興味がある人なら，是非見ておきたい旧跡は挙げればキリがありません．ソウル周辺だけでも景福宮などの王宮や王陵，宗廟，社稷公園，タプコル(塔骨)公園，南漢山城，独立門…．地方にはさらに大小様々な遺跡や故事ゆかりの地がありますが，その大半は各種観光ガイドや歴史関係書にお任せするとして，ここでは敢えて3ヶ所だけに絞って紹介しておきます．

1．慶州

　韓国の代表的観光地として，すでに御存知の人も多いでしょう．釜山からも程近い韓国南東部・慶尚北道にある古代新羅王朝の都です．王朝最盛期には一説に人口約80万，当時としては屈指の大都会でしたが，現在は人口約30万人，しっとりとした佇まいの地方都市です．金冠塚・天馬塚に代表される大小さまざまな古墳群が何よりも目を引きます．雁鴨池・瞻星台といった他の王朝関連遺跡，あるいは国立慶州博物館もあわせて訪れると良いでしょう．仏国寺，石窟庵(別項参照)に代表される仏教寺院遺跡も見逃せないところです．日本の飛鳥・奈良文化とも通じる点が多く，ことに古代史に関心のある人には必見の場所です．

2．水原華城

　ソウル都心から南に電車で約1時間，近郊都市・水原の中心部にある城郭です．18世紀末，朝鮮時代後期に第22代国王・正祖(1752〜1800年)の命により建造されました．正祖は祖父にあたる先代国王・英祖(1694〜1776年)とともに体制の改革や文化振興に力を尽くし，王朝中興の名君ともいわれる人物です．当時の建築技術の粋を集めて造営された華城は，周囲5kmに及ぶ城壁や甕城形式と呼ばれる独特の曲線に彩られた門楼など，旧市街のただ中で今なお当時の王朝の活力を誇示しているかのようです．

3．安東

　安東市は慶尚北道，洛東江上流域の山あいに囲まれた静かな地方都市(人口約20万)です．ここは安東金氏・義城金氏に代表される多くの名門両班(別項参照)が長く本拠を築いた場所で，儒教文化の影響を色濃く残している点で，韓国でも有数の地域です．日本ではともすれば馴染みの薄い，中〜近世の朝鮮時代の文化を肌で感じられる場所と言えるでしょう．最も代表的な名所は李退渓(別項参照)が創設した市北郊の儒教教育施設・陶山書院，豊山柳氏の本拠地である市西郊の河回村です．河回村では当時の趣を色濃く残す村落の佇まい，古来の民衆芸能タルチュム(仮面劇)などを見学できます．このほか市中心や近郊農村地帯には，今なお儒教の気風を守る旧両班家の邸宅や祭祀・教育施設などが点在し，昔ながらの自然豊かな景観ともども，訪れる人に歴史の息吹きを伝えています．

(吉川)

第17課 선생님 계십니까?

Point! ~(으)시~

다나카 : 여보세요. 김 선생님 댁이십니까?

김 선생님 딸 : 예, 그렇습니다.

다나카 : 저는 다나카라고 합니다.

선생님 계십니까?

김 선생님 딸 : 지금 안 계십니다.

다나카 : 언제 댁으로 돌아오십니까?

김 선생님 딸 : 밤 8시 이후에 돌아오십니다.

1. 발음 (発音)

김 선생님 [김선생님]
댁이십니까 [대기심니까]
그렇습니다 [그런씀니다]
합니다 [함니다]
계십니까 [게심니까]
안 계십니다 [안게심니다]
댁으로 [대그로]
돌아오십니까 [도라오심니까]
8시 [여덜씨]

2. 단어 （単語）

여보세요.	もしもし．すみません． ♦ 主に電話の時使いますが，呼びかけにも使います．
김 선생님	金先生　♦「님」は職名の後ろに付けて敬意を表します．

박 사장님	최 교수님
朴社長	崔教授

댁	お宅　☞3【2】
～(으)시～	합니다体の尊敬表現　☞3【1】
～이시다	「～이다」の尊敬表現　☞3【1】
딸	娘

아들
息子

그렇다	そうだ　☞付録ㅎ変則参照
～(이)라고 하다	～と言う
계시다	いらっしゃる，居られる　☞3【2】
지금	今(只今)
안～	用言の否定表現　☞62頁参照
언제	いつ
～로 / 으로	～へ　☞3【3】，☞72頁参照
돌아오다	帰ってくる，戻る
밤	夜
8(여덟)시	8時　☞59頁参照
이후	以後
～에	～に　☞72頁参照

3. 문법과 표현 （文法と表現）

【1】

> 用言（母音語幹または ㄹ 語幹）＋ **시** ＋ 다
> 　　　　　　　　　　　　　　 ： 합니다体の尊敬表現
> 用言（子音語幹）＋ **으시** ＋ 다

　尊敬表現である「お～になる」「～れる／られる」は，母音語幹には「～**시**～」を，ㄹ語幹はㄹを取ってから「～**시**～」を，子音語幹には「～**으시**～」を，原形の語幹と語尾の間に付けて表します．さらに丁寧な表現にするときには「～**다**」を取ってから「～**ㅂ니다.**」「～**ㅂ니까?**」を付けます． 🔊75

　돌아오다 帰る　→　〈돌아오**시**다〉　→　돌아오**십니다.** お帰りになります

81

만들다　作る → （만드다）→〈만드시다〉→ 만드십니까?　お作りになりますか
늦다　遅い → 〈늦으시다〉→ 늦으십니다.　遅くなられます
회사원이다　会社員だ → 〈회사원이시다〉
　　　　　　　　　　　→　회사원이십니까?　会社員でいらっしゃいますか

【2】 **特殊な尊敬語**：【1】の尊敬表現「～（으）시～」を用いず，以下のように言い換えなければならない場合があります．

	普通語		尊敬語	
動詞	먹다	食べる	**잡수시다** **드시다**	召し上がる
	있다	居る	**계시다**	いらっしゃる
	자다	寝る	**주무시다**	お休みになる
	말하다	言う，話す	**말씀하시다**	おっしゃる
名詞	나이	歳	**연세**	お歳(年歳)
	집	家	**댁**	お宅，ご自宅
	생일	誕生日(生日)	**생신**	お誕生日(生辰)
	이름	名前	**성함**	お名前(姓銜)
	말	話，言葉	**말씀**	お話
	밥	飯	**진지**	ご飯，お食事
助詞	할머니**에게**	おばあさん**に**	할머니**께**	おばあさま**に**
	아버지**가**	お父さん**が**	아버지**께서**	お父さま**が**
	어머니**는**	お母さん**は**	어머니**께서는**	お母さま**は**

【注意】 韓国語では，身内のことを外部の人に話す際に，日本語とは異なり尊敬の表現をします．たとえば「父はおりません．」は「お父さんはいらっしゃいません．」に，「社長が言いました．」は「社長さんがおっしゃいました．」のように表現します．

【3】
> 助詞　～へ／～で：　（母音または**ㄹ**で終わる語）＋ **로**
> 　　　　　　　　　　（子音で終わる語）＋ **으로**

「～로 / 으로」には以下の二つの意味があります．　　　　　🔊76

■方向「～へ」
　이 버스는 학교**로** 갑니다.　　　このバスは<u>学校</u>へ行きます．
　이 배는 한국**으로** 떠납니다.　　この船は<u>韓国</u>へ行きます．

■材料・道具・手段「～で」
　전철**로** 학교에 다닙니다.　　　電車(電鉄)で<u>学校</u>に通います．
　젓가락**으로** 먹습니다.　　　　　箸で食べます．

Q1 次の表を完成しましょう.

韓国語	日本語	用言の尊敬表現（합니다体）	
		平叙	疑問
①받다	もらう，受ける	받으십니다.	받으십니까?
②쓰다	書く，使う，かぶる，かける		
③많다	多い		
④가르치다	教える		
⑤모르다	知らない，分からない		
⑥작다	小さい		
⑦공부하다	勉強(工夫)する		
⑧계시다	いらっしゃる		
⑨잡수시다	召し上がる		
⑩살다	住む，暮らす，生きる		

Q2 例にならって**합니다体**の尊敬表現の文を作りましょう.

例) 아버지 父 ／ 오늘 今日 ／ 회사 会社 ／ 가다 行く
（鈴木さんのお父さんは今日も会社に行かれますか.）

→ 　스즈키 씨 아버지께서는 오늘도 회사에 가십니까 ?

① 어머니 お母さん ／ 언제 いつ ／ 한국 韓国 ／ 오다 来る
（鈴木さん，お母さんはいつ韓国に来られますか.）

→ _____

② 선생님 先生 ／ 책 本(冊) ／ 읽다 読む　（先生が本をお読みになります.）

→ _____

③ 할머니 おばあさん ／ 일찍 早く ／ 주무시다 お休みになる
（田中さんのおばあさんは早くお休みになりますか.）

→ _____

④ 선생님 先生 ／ 댁 ご自宅 ／ ～까지 まで ／ 멀다 遠い
（先生，ご自宅までは遠いでしょうか.）

→ _____

⑤ 할아버지 おじいさん ／ 공무원 公務員 ／ 이다 ～だ，～である
（鈴木さんのおじいさんは公務員でいらっしゃいます.）

→ _____

Q 3　次の文を日本語に訳しましょう.

① 이 술은 아버지께서 잡수십니다.　＿＿＿＿＿＿＿＿＿＿＿＿＿＿

② 할머니께서는 연세가 많으십니다.　＿＿＿＿＿＿＿＿＿＿＿＿＿＿

③ 어머니께서는 지금 안 계십니다.　＿＿＿＿＿＿＿＿＿＿＿＿＿＿

④ 안경을 쓰지 않으십니까?　＿＿＿＿＿＿＿＿＿＿＿＿＿＿

⑤ 선생님께서는 어디 사십니까?　＿＿＿＿＿＿＿＿＿＿＿＿＿＿

Q 4　次の文を**합니다**体の尊敬表現の韓国語に訳しましょう.

① 毎日図書館でお勉強されますか.　＿＿＿＿＿＿＿＿＿＿＿＿＿

② 金先生が韓国語をお教えになります.　＿＿＿＿＿＿＿＿＿＿＿＿＿

③ 父はバスで会社に行かれます.　＿＿＿＿＿＿＿＿＿＿＿＿＿

④ 田中さんのお父さんは靴をお作りになります.　＿＿＿＿＿＿＿＿

⑤ どの方が先生でいらっしゃいますか.　＿＿＿＿＿＿＿＿＿＿＿＿＿

Q 5　音声を聞いて（　　）のなかに適切な語句を入れましょう.　　🔊77

스즈키 : 여보세요. (　　　　　　　　　　　　　　　)

이 선생님 딸 : 지금 (　　　　　　　　　　　　)

스즈키 : (　　　　　　　　　　　　)

이 선생님 딸 : 밤 (　　　　　　　　　　　　　　　　)

Q 6　単語の意味を探しましょう.

1　가르치다	13　아들	☐ いらっしゃる	☐ <u>学校</u>
2　계시다	14　연세	☐ おじいさん，祖父	☐ 帰ってくる，戻る
3　댁	15　이후	☐ おばあさん，祖母	☐ 教える
4　돌아오다	16　일찍	☐ お休みになる	☐ 言葉，話
5　드시다	17　잡수시다	☐ お歳(<u>年歳</u>)	☐ 召し上がる
6　딸	18　전철	☐ お食事，ご飯	☐ 召し上がる
7　말	19　젓가락	☐ お宅，ご自宅	☐ 早く
8　말씀	20　주무시다	☐ お誕生日(<u>生辰</u>)	☐ 息子
9　사다	21　진지	☐ お名前(<u>姓銜</u>)	☐ 電車(<u>電鉄</u>)，地下鉄
10　생신	22　학교	☐ お話	☐ 買う
11　성함	23　할머니	☐ 酒	☐ 箸
12　술	24　할아버지	☐ <u>以後</u>	☐ 娘

17 韓国の美術

　韓国美術は中国の影響を色濃く受けています．高句麗には北朝，百済には南朝の影響が多く見られます．新羅には最初高句麗や百済の影響が見られますが，後期には中国の影響を強く受けました．しかし，日本と同様に，韓国も風土や民族性などにより，中国のそれとは一味異なる独特なものが生まれました．

　三国時代のもので特筆されるのが金銅半跏思惟像です．6世紀前半からおそらく高句麗の影響のもと，朝鮮半島南部で弥勒半跏思惟像が数多く作られました．その代表的な2躯がソウルの国立中央博物館にありますが，一つは京都広隆寺の木造弥勒半跏思惟像に非常に酷似しており，百済美術の特色を表すものと考えられています．百済美術は全体的に丸く穏やかでまろやかな感じがあふれており，顔は丸く温和で「百済のほほえみ」と呼ばれる特有の微笑みを浮かべています．新羅の仏像では，慶州石窟庵の釈迦如来坐像とその脇侍が，新羅独自の感覚を造形化したものとして特に評価されています．

　高句麗のものとしては古墳壁画が注目されます．それは主として北朝鮮と中国集安県に分布しています．当初は人物風俗が壁画の主な主題でしたが，4世紀後半になると四神図が現れます．これらの壁画に描かれているチマ・チョゴリ等は飛鳥時代の高松塚古墳壁画との類似性が指摘され，広く関心を呼び起こしています．

　高麗時代・朝鮮時代の美術を代表するのは陶磁器です．最も著名なのは一名「翡色（しょく）」と呼ばれる高麗青磁でしょう．高麗青磁は，中国の記録に青磁は高麗秘色が天下第一とされるほど中国の影響を脱して高麗化されたと考えられます．12世紀には菊花や雲鶴などの自然から選んだ文様素材を象嵌で精緻に表した「象嵌青磁」が考案されました．その形や色彩の魅力は，実際の自然に倣い，多くの余白をおき，簡潔に文様を施すことにあると言われます．貴族的な印象の翡色青磁は，高麗末には衰えます．朝鮮時代に入ると，象眼青磁の流れを汲みながらも庶民的な味わいを帯びた，褐色の粉青沙器が最盛期を迎えます．粉青沙器はやがて褐色から白色に変わり，16世紀にはこれらの白磁が陶磁器の主流となります．朝鮮白磁は日本にも数多くもたらされ，珍重されました．

（金天鶴）

第18課 무엇을 찾으세요?

Point! ~(으)세요. ~(으)세요?

🔊 78

점 원: 어서 오세요. 무엇을 찾으세요?

다나카: 여행가방 있어요?

점 원: 예, 이쪽에 있습니다.

다나카: 그것은 얼마예요?

점 원: 8만 5천 원입니다.

다나카: 좀 비싸요.

점 원: 그럼, 8만 3천 원만 주세요.

1. 발음 (発音)

어서 오세요   [어서오세요]
무엇을   [무어슬]
찾으세요   [차즈세요]
있어요   [이써요]
이쪽에   [이쪼게]
있습니다   [읻씀니다]
그것은   [그거슨]
얼마예요   [얼마에요]
8만 5천 원입니다
              [팔마노처눠님니다]
3천 원만   [삼처눤만]

86

2. 단어 （単語）

점원	<u>店員</u>
어서	どうぞ，はやく

빨리	천천히
速く	ゆっくり

오다	来る
〜(으)세요.	해요体の尊敬表現〈命令〉 ☞3【1】②
어서 오세요.	いらっしゃいませ.
〜를/을	〜を ☞72頁参照
찾다	探す，(辞書を)ひく，(金を)おろす
〜(으)세요?	해요体の尊敬表現〈疑問〉 ☞3【1】①
여행	<u>旅行</u>
가방	カバン

시계	구두	운동화	우산	안경	모자
<u>時計</u>	靴	<u>運動靴</u>	傘(<u>雨傘</u>)	<u>眼鏡</u>	帽子

이쪽	こちら
그것	それ
얼마	いくら
8(팔)만	<u>八万(萬)</u> ☞58頁参照
5(오)천	<u>五千</u>
원	ウォン〈韓国の通貨単位〉
좀	少し，ちょっと
비싸다	(値段が)高い
그럼	それでは，では
〜만	〜だけ，ばかり ☞72頁参照
주다	くれる，やる，あげる

3. 문법과 표현 （文法と表現）

【1】

> 用言(母音語幹または**ㄹ**語幹)＋ **세요**
>
> : 해요体の尊敬表現〈平叙・疑問・命令〉
>
> 用言(子音語幹)＋ **으세요**

해요体の尊敬表現です. 母音語幹には「〜**세요**」を，**ㄹ**語幹は**ㄹ**を取ってから「〜**세요**」を，子音語幹には「〜**으세요**」を付けます.

①尊敬の平叙・疑問：「〜なさいます」「〜されます」などの平叙，「〜なさいますか」「〜されますか」などの疑問を表します. 🔊79

오다　来る　　→　　오세요.　　　　　　　お越しになります

멀다　遠い　　→　(머다)　→　머세요?　遠いでしょうか

읽다　読む　　→　　읽으세요.　　　　　お読みになります

회사원이다　会社員だ　→　회사원이세요.　会社員でいらっしゃいます

②命令：「〜てください」「お〜ください」の意味を表します.

쉬다　休む　　→　　쉬세요.　　　　　　休んでください

팔다　売る　　→　(파다)　→　파세요.　売ってください

앉다　座る　　→　　앉으세요.　　　　　お座りください

ただし，**特殊な尊敬語**がある場合（☞82頁【2】参照）は，次のようになります.

잡수시다　召し上がる　　→　잡수세요.
　　　　　　　　　　　　　召し上がります / 召し上がってください

말씀하시다　おっしゃる　→　말씀하세요.
　　　　　　　　　　　　　おっしゃいます / おっしゃってください

Q 1　次の表を完成しましょう.

韓国語	日本語	用言の尊敬表現	
		해요体	합니다体
①크다	大きい	크세요?	크십니까?
②기다리다	待つ		
③일어나다	起きる，生じる		
④알다	知る，分かる		
⑤계시다	いらっしゃる		
⑥멀다	遠い		

韓国語	日本語	命令表現
		〜(し)てください
⑦받다	もらう，受ける	받으세요.
⑧전화하다	電話する	
⑨읽다	読む	
⑩오다	来る	
⑪닫다	閉める，閉じる	
⑫열다	開ける，始める	

Q 2　例にならって文を作りましょう.

例)　아버지 お父さん ／ 그림 絵 ／ 그리다 描く

　　　(田中さんのお父さんが絵をお描きになります. : 해요体)

→　　　　다나카 씨 아버지께서 그림을 그리세요.　　　　

① 할머니 おばあさん ／ 요리 料理 ／ 하다 する

　　(田中さんのおばあさんがお料理をされますか. : 해요体)

→ _____

② 할아버지 おじいさん／ 사진 写真 ／ 잘 よく ／ 찍다 撮る

　　(鈴木さんのおじいさんは写真をよくお撮りになります. : 해요体)

→ _____

③ 물 水／ 좀 ちょっと ／ 주다 くれる, やる, あげる　(水をちょっとください.)

→ _____

④ 교실 教室 ／ 모자 帽子 ／ 벗다 取る, 脱ぐ　(教室では帽子を取ってください.)

→ _____

⑤ 창문 窓(窓門) ／ 다 すべて, 全部 ／ 열다 開ける, 始める

　　(窓をすべて開けてください.)

→ _____

Q 3　次の文を日本語に訳しましょう.

① 좀 기다리세요.　　　_____

② 수업이 언제 있으세요?　_____

③ 선생님께서 편지를 쓰세요.　_____

④ 우리 아버지께서는 회사원이세요.　_____

⑤ 댁에서 학교까지 머세요?　_____

Q 4　次の文を해요体の韓国語に訳しましょう.

① 教科書を読んでください.　_____

② 明日9時までお越しください.　_____

③ 朝何時に起きられますか.　_____

④ お母さんはご自宅にいらっしゃいませんか.　_____

⑤ 先生が私の兄をご存知ですか.　_____

Q 5　音声を聞いて（　　）のなかに適切な語句を入れましょう.　　🔊 80

점　원 : 어서 오세요. (　　　　　　　　　　　　　)

스즈키 : 한국어 (　　　　　　　　　　　　　)

점　원 : 예, (　　　　　　　　　　　　　)

스즈키 : (　　　　　　　　　　　)

점　원 : (　　　　　　　　　　　　　)입니다.

Q 6　単語の意味を探しましょう.

1　계시다	25　여행	□ それでは，では	□ 座る
2　교실	26　열다	□ (値段が)高い	□ 撮る
3　그것	27　오다	□ ある，いる	□ 傘(雨傘)
4　그럼	28　요리	□ いくら	□ 時計
5　그리다	29　우산	□ いらっしゃる	□ 写真
6　그림	30　운동화	□ おじいさん，祖父	□ 授業
7　기다리다	31　이쪽	□ おばあさん，祖母	□ 召し上がる
8　내일	32　읽다	□ お宅，ご自宅	□ 水
9　댁	33　있다	□ くれる，やる，	□ 窓(窓門)
10　멀다	34　잡수시다	あげる	□ 速く
11　모자	35　점원	□ こちら	□ 待つ
12　물	36　좀	□ する	□ 大きい
13　벗다	37　주다	□ それ	□ 脱ぐ，(帽子や
14　비싸다	38　찍다	□ ちょっと，少し	眼鏡を)取る
15　빨리	39　창문	□ どうぞ，はやく	□ 探す，ひく，おろす
16　사진	40　찾다	□ ゆっくり	□ 知る，分かる
17　수업	41　천천히	□ 運動靴	□ 店員
18　쉬다	42　크다	□ 遠い	□ 読む
19　시계	43　팔다	□ 絵，絵画	□ 売る
20　안경	44　하다	□ 開ける，始める	□ 描く
21　앉다	45　할머니	□ 眼鏡	□ 帽子
22　알다	46　할아버지	□ 明日(来日)	□ 来る
23　어서		□ 休む	□ 旅行
24　얼마		□ 教室	□ 料理

18 建国神話

　周知のように古代の朝鮮半島には，新羅・百済・高句麗・伽耶(加羅)諸国など，さまざまな勢力が分立していました．新羅による統一(7世紀)とその後の高麗(10〜14世紀)・朝鮮(14〜20世紀)各時代を経て，現在の韓国・北朝鮮の領域が定まっていったのです．『三国史記』『三国遺事』などの史書や口承を経て今日に伝わる古代の建国説話も，そうした当時の多様性を反映して様々なバリエーションに彩られており，後世の人々に多様な解釈の余地をもたらしてきました．

　こうした説話・伝承の中で，こんにち代表的なものとしてクローズアップされるのが檀君神話で，あらすじは以下の通りです．——太古の昔，天帝の子・桓雄が父の許しを得て，地上世界を治めるため太伯山頂に降臨した．この時人間になりたいと申し出た熊と虎に対して桓雄は，ヨモギ・ニンニクだけを食べ洞穴に籠もるという試練を課す．結局熊だけがこの試練に耐えて人間の女となり，桓雄と結ばれて子どもを産む．この子が人間世界の王・檀君となり，優れた手腕で地上を治め，以後の国家のいしずえを築いた——．

　桓雄も檀君も言うまでもなく説話上の人物です．元来は朝鮮半島北部の伝承だったと考えられる檀君神話は，13世紀の歴史書『三国遺事』で取り上げられて以降，知識層をはじめとする人々に徐々に浸透していきました．

　ともあれ朝鮮半島の建国説話は檀君神話だけではありません．川の神の娘が太陽の光に感じて子を産み，それが弓の名手に成長して遂に王朝の開祖となった(高句麗：東明王説話)，天から降臨した卵から産まれた神童が，村々の長に迎えられて王となった(新羅：赫居世説話)など，古代国家や地域にまつわるさまざまな始祖伝承が伝わっています．また儒学を重んじた朝鮮時代には，中国・殷の聖人である箕子が渡来して国を作り教化に務めたという，いわゆる箕子説話も当時の知識層に広く伝わっていました．

　現代人には一見奇妙にみえる説話・伝承の世界も，深く分け入ると色々面白い発見があります．また，それを伝えた各時代の人々の意識をあわせて考えていくことで，現代の韓国・朝鮮社会の人々のありようを知る手がかりが得られるかもしれません．

（吉川）

第19課 뭘 했어요?

Point! ~았 / 었 / 였~

🔊 81

이유진 : 지난주 일요일에는 뭘 했어요?

다나카 : 동대문 시장에 갔어요.

이유진 : 사람이 많았어요?

다나카 : 아뇨, 별로 많지 않았어요.

이유진 : 그래요? 뭘 샀어요?

다나카 : 이 구두하고 바지를 샀어요. 어때요?

이유진 : 너무 멋있어요.

1. 발음 (発音)

일요일에는	[이료이레는]
뭘 했어요	[뭐래써요]
갔어요	[가써요]
사람이	[사라미]
많았어요	[마나써요]
많지 않았어요	[만치아나써요]
샀어요	[사써요]
멋있어요	[머시써요 / 머디써요]

2. 단어 (単語)

지난주	先週	🔊 82

이번주	다음주	작년	올해	내년
今週	来週	昨年	今年	来年

일요일   日曜日

월요일	화요일	수요일	목요일	금요일	토요일
月曜日	火曜日	水曜日	木曜日	金曜日	土曜日

～에는   ～には   ◆ 「～に」にあたる助詞「～에」と「～は」にあたる助詞「～는」を組み合わせたもの

뭘   何を   ◆ 「무엇을」の縮約形

	元の形	縮約形
これが	이것이	이게
どれが	어느 것이	어느게
何が	무엇이	뭐가
これは	이것은	이건
これを	이것을	이걸
何を	무엇을	뭘 / 무얼
これですか	이것입니까?	이겁니까?
何ですか	무엇입니까?	뭡니까?

～았 / 었 / 였～   用言の過去及び完了表現   ☞ 3【1】

동대문   東大門   ◆ 朝鮮時代の城門の一つ

시장   市場

많다   多い

별로   そんなに，それほど，別に

～지 않다   用言の否定表現   ☞ 61頁参照

그래요?   そうですか．   ◆ 原形は「그렇다」   ☞付録ㅎ変則参照

사다   買う

이   この   ☞ 53頁参照

구두   靴

바지   ズボン

치마	양말
スカート	靴下(洋襪)

어때요?   どうですか．   ◆ 原形は「어떻다」   ☞付録ㅎ変則参照

너무   あまりにも

멋있다   素敵だ，立派だ，格好いい

3. 문법과 표현 （文法と表現）

【1】

> 用言（ㅏ ㅗ 語幹）＋ **았**
> 用言（ㅏ ㅗ 以外語幹）＋ **었** ： 用言の過去・完了表現
> 用言（하다用言語幹）＋ **였**

用言の過去・完了は，語幹の最終音節が①**陽母音（ㅏ ㅗ）**の場合は「～**았**～」を，②**陰母音（ㅏ ㅗ 以外）**の場合は「～**었**～」を，③**하다用言**の場合は「～**였**～」を，語幹と語尾の間に付けて表します．③の場合は通常，「～**했**～」の形を使います．丁寧な表現を作る語尾などはその後ろの「～**다**」を取ってから付けますが，해요体にする際には「～**았**～」の後ろでも「～**어요.**」「～**어요?**」を付けます．　🔊 83

받다 もらう　→　받**았**다　→　받았**습니다.**／받았**어요.** もらいました

맛있다 おいしい　→　맛있**었**다　→　맛있었**습니까?**／맛있었**어요?**
　　　　　　　　　　　　　　　　おいしかったですか

일하다 働く　→　일하**였**다　→　일**했**다　→　일했**습니다.**／일했**어요.**
　　　　　　　　　　　　　　　　　　　　働きました

【2】母音語幹の場合に起こる縮約　☞ 76頁参照

	原形	過去形	합니다体	해요体
母音の脱落	싸다　安い	싸＋았＋다	쌌습니다	쌌어요
	서다　立つ	서＋었＋다	섰습니다	섰어요
	보내다　送る	보내＋었＋다	보냈습니다	보냈어요
	펴다　広げる	펴＋었＋다	폈습니다	폈어요
母音の合成	오다　来る	오＋았＋다	왔습니다	왔어요
	주다　くれる, やる, あげる	주＋었＋다	줬습니다	줬어요
	마시다　飲む	마시＋었＋다	마셨습니다	마셨어요
	되다　なる	되＋었＋다	됐습니다	됐어요

【3】指定詞とその過去形

11課，12課，15課で扱った「体言＋です／ですか」，「体言＋ではありません／ありませんか」という表現の語尾（입니다，가/이 아닙니다，예요/이에요など）も用言の一種で，これを**指定詞**といいます．指定詞には「이다」と「아니다」の二つがあり，以下のように活用します．

原形		現在합니다体	現在해요体	過去합니다体	過去해요体
이다	母音で終わる体言	입니다	예요	였습니다	였어요
	子音で終わる体言		이에요	이었습니다	이었어요
아니다	母音で終わる体言	아닙니다	아니에요	아니었습니다	아니었어요
	子音で終わる体言				

94

Q1 次の表を完成しましょう.

韓国語	日本語	用言の過去・完了表現	
		합니다体	해요体
①읽다	読む	읽었습니다.	읽었어요.
②알다	知る, 分かる		
③찍다	撮る		
④결혼하다	結婚する		
⑤좋다	よい, いい		
⑥끝나다	終わる		
⑦시키다	させる, 注文する		
⑧배우다	学ぶ, 習う		
⑨보내다	送る		
⑩보다	見る		

Q2 例にならって文を作りましょう.

例) 저 私 / 작년 昨年 / 한국 韓国 / 오다 来る (私は去年韓国に来ました.: 해요体)

→ 　　　저는 작년에 한국에 왔어요.

① 백화점 デパート(百貨店) / 사람 人 / 아주 とても / 많다 多い
(デパートには人がとても多かったです.: 합니다体)

→ _____

② 지난주 先週 / 숙제 宿題 / 적다 少ない
(先週は宿題が少なかったですか.: 합니다体)

→ _____

③ 어제 昨日 / 언니 (妹から)姉 / 노래방 カラオケルーム / 노래하다 歌う
(昨日, 姉とカラオケルームで歌いました.: 해요体)

→ _____

④ 시장 市場 / 우산 傘(雨傘) / 사다 買う (市場で傘を買いました.: 해요体)

→ _____

⑤ 누나 (弟から)姉 / 생일 誕生日(生日) / 선물 プレゼント(膳物) / 주다 くれる
(姉が私に誕生日プレゼントをくれました.: 해요体)

→ _____

Q 3 次の文を日本語に訳しましょう.

① 그 영화는 대단히 좋았습니다. _____

② 언니는 작년에 결혼했어요. _____

③ 수업은 열두 시에 끝났어요. _____

④ 오늘 신문을 아직 안 봤어요? _____

⑤ 부모님께 선물을 보내셨어요? _____

Q 4 次の文を韓国語に訳しましょう.

① 月曜日に妹と写真を撮りました. (합니다体) _____

② 先週, 友だちと約束をしました. (해요体) _____

③ コーヒーを注文しましたか. (합니다体) _____

④ 昨日は学校に行きませんでした. (해요体) _____

⑤ 韓国語の試験は昨日でした. (해요体) _____

Q 5 音声を聞いて ( ) のなかに適切な語句を入れましょう. 🔊 84

김민정 : 지난주 토요일에는 ( )

스즈키 : ( ) 도서관에 ( )

김민정 : 사람이 ( )

스즈키 : 아뇨, ( )

Q 6 単語の意味を探しましょう.

1 결혼하다	17 별로	☐ カラオケルーム	☐ 月曜日
2 구두	18 사다	☐ ズボン	☐ 今週
3 금요일	19 선물	☐ そんなに, 別に	☐ 今年
4 끝나다	20 숙제	☐ デパート(百貨店)	☐ 昨日
5 내년	21 시장	☐ あまりにも	☐ 昨年
6 너무	22 아직	☐ プレゼント(膳物)	☐ 市場
7 노래방	23 약속하다	☐ まだ	☐ 終わる
8 노래하다	24 양말	☐ もらう, 受ける	☐ 宿題
9 다음주	25 어제	☐ 何を	☐ 少ない
10 많다	26 올해	☐ 歌う	☐ 先週
11 멋있다	27 월요일	☐ 火曜日	☐ 多い
12 목요일	28 이번주	☐ 素敵だ, 格好いい	☐ 買う
13 뭘	29 작년	☐ 金曜日	☐ 木曜日
14 바지	30 적다	☐ 靴	☐ 約束する
15 받다	31 지난주	☐ 靴下(洋襪)	☐ 来週
16 백화점	32 화요일	☐ 結婚する	☐ 来年

19 歴史上の人物

　近年は韓国の映画・ドラマやミュージシャンへの関心が高まり，観光・商用などで韓国に旅行する人も多くなりました．しかし日本における韓国・朝鮮の社会・歴史への一般的な理解というと，まだまだ不足がちと言うべきかもしれません．例えば歴史上の著名人物は，と聞かれると，返答に詰まってしまう人が多いのではないでしょうか．代表的な人物をざっと紹介しておきましょう．

　旅行などで最もよく接する歴史上の人物といえば，何より「お札の顔」，つまり紙幣の肖像の人物ですね．世宗（1万ウォン），李栗谷（5千ウォン），李退渓（千ウォン）の三人が長年お馴染みの顔ぶれです．2009年からは初の女性として，申師任堂（5万ウォン）が仲間入りしました．いずれも朝鮮時代前期（日本の室町〜戦国時代とほぼ同時期）に活躍した人々です．

　世宗（1397〜1450年）は朝鮮第4代の国王です．政治・文化両面で目覚ましい治績を上げ，王朝の繁栄の基礎を築いた人物です．ソウル都心にある韓国の代表的な文化公演・イベント施設「世宗文化会館」は，その名の通りこの人にちなんだものです．ちなみに皆さんが今勉強しているハングルも，民衆に親しみやすい文字として，この人の主導のもとに作成された「訓民正音」を元に発展したものです．

　李栗谷（1536〜84年）・李退渓（1501〜70年）はいずれも当時代を代表する儒教思想家です．李栗谷は儒学を修める一方で官僚政治家としても活躍し，税制改革や社倉とよばれる農民支援制度の推進など，その合理的手腕が知られています．また李退渓は書院とよばれる教育機関を設立するなど後進の指導に尽力し，儒教文化の振興・発展に大きな足跡を残した人物です．申師任堂（1512〜59年）は上述の李栗谷の母親で，女流画家として知られています．

　この他にも，是非覚えておきたい人物がいます．李舜臣（1545-98年）は中学・高校の歴史の授業で記憶している人も多いと思います．豊臣秀吉の侵略に際して，水軍の総指揮官として奮戦した名将です．彼のほかにも，周辺諸国の侵略にたびたび見舞われた経験を反映して，「救国の英雄」として歴史に名を残した人物が少なくありません．古代，隋王朝の遠征軍を撃退した高句麗の将軍・乙支文徳（6-7世紀）は，鍾路とならぶソウル都心の大通り（乙支路）にその名を残しています．またそこから程近い南山公園には，近代の独立運動家・安重根（1879-1910年）の記念館があります．

（吉川）

第20課 뭘 드시겠어요?

Point! ~겠~ ~를/을 좋아하다

🔊 85

이유진: 뭘 드시겠어요?

다나카: 글쎄요. 뭐가 맛있어요?

이유진: 이 집은 김치찌개가 참 맛있어요.

다나카: 저도 김치찌개를 좋아해요.

이유진: 여기요! 김치찌개 2인분하고

콜라 2병 주세요.

종업원: 예, 알겠습니다.

1. 발음 (發音)

종업원　　[종어뭔]
드시겠어요　[드시게써요]
맛있어요　[마시써요 / 마디써요]
이 집은　　[이지븐]
좋아해요　　[조아해요]
2인분하고　[이인부나고]
2병　　　　[두병]
알겠습니다　[알겐씀니다]

2. 단어 （単語）

뭘	何を ☞93頁参照
드시다	召し上がる ☞82頁参照
～겠～	用言の意志・推量・婉曲表現 ☞3【1】
글쎄요.	そうですね.
뭐가	何が ☞93頁参照
맛있다	うまい, おいしい
집	家, 店

◆「～店」「～屋」には「～집」「～점」「～방」などが対応
します.

빵집	꽃집	음식점
パン屋	花屋	飲食店
편의점	노래방	PC （피씨）방
コンビニ（便宜店）	カラオケルーム（-房）	インターネットカフェ （PC房）

김치	キムチ
찌개	鍋
참	本当に, まことに, 実に, とても
～도	～も ☞72頁参照
～를/을 좋아하다	～を好む, ～が好きだ ☞3【2】
여기요!	ちょっとすいません！ ◆ 店などで人を呼ぶとき用いられるもので,「저기요!」「여보세요!」も同様に使われます.
2 （이）인분	2人前（人分） ☞58頁参照
～하고	～と ☞72頁参照
콜라	コーラ
2 （두）병	2本（瓶） ☞59頁参照
주다	くれる, やる, あげる
종업원	従業員
알다	分かる, 知る
알겠습니다.	分かりました. かしこまりました.

3. 문법과 표현 (文法と表現)

【1】

用言の語幹＋겠 ： 用言の意志・推量・婉曲表現

用言の語幹と語尾の間に「〜겠〜」を付け，意志・推量・婉曲などの意味を表します．丁寧な表現を作る語尾などはその後ろの「〜다」を取ってから付けます．

◀╴86

냉면을 먹**겠**습니다. 　　冷麺を食べます．〈意志〉

뭘 드시**겠**어요? 　　何を召し上がりますか．〈相手の意志〉

내일은 춥**겠**어요. 　　明日(来日)は寒いでしょう．〈推量〉

모르**겠**습니다. 　　分かりません．〈婉曲〉

【2】

〜를/을 좋아하다 (싫어하다) ： 〜が好きだ (嫌いだ)〈原形〉

好みを表す「〜が好きだ」及び「〜が嫌いだ」という表現の「〜が」には，「〜를/을」が対応します．これは「좋아하다」「싫어하다」が，それぞれ「好む」「嫌う」という意味の他動詞であるためです．

〈비를 싫어하다〉　→　비를 싫어합니까?／싫어해요?
　　　　　　　　　　　　　　　　　　雨**が**嫌いですか．

〈운동을 좋아하다〉　→　운동을 좋아합니다.／좋아해요.
　　　　　　　　　　　　　　　　　　運動**が**好きです．

Q 1　次の表を完成しましょう．

韓国語	日本語	意志・推量の表現	
		합니다体	해요体
①버리다	捨てる	버리겠습니다.	버리겠어요.
②내리다	降りる		
③비싸다	(値段が)高い		
④시키다	させる，注文する		
⑤시작되다	始まる		
⑥크다	大きい		
⑦공부하다	勉強(工夫)する		
⑧일어나다	起きる		

100

⑨모르다	分からない，知らない		
⑩덥다	暑い		

Q 2 （　　）に好きなもの嫌いなものを入れて韓国語に訳し，話してみましょう．

① 뭘 좋아해요?　—— 私は（　　　　　　）が好きです．

→ _____

> 한국 <u>韓国</u>　음식 食べ物　요리 <u>料理</u>　불고기 プルゴギ
> 비빔밥 ピビンバ　된장찌개 味噌鍋　냉면 <u>冷麺</u>　주스 ジュース
> 커피 コーヒー　녹차 <u>緑茶</u>　술 お酒

② 여자 친구는 뭘 싫어합니까?　—— 私の彼女は（　　　　）が嫌いです．

→ _____

> 야구 <u>野球</u>　축구 サッカー(<u>蹴球</u>)　농구 バスケットボール(<u>篭球</u>)

③ 어머니께서는 뭘 좋아하십니까?　—— 母は（　　　　　）が好きです．

→ _____

> 과일 果物　사과 リンゴ(<u>沙果</u>)　배 梨　귤 ミカン(<u>橘</u>)

④ 여동생은 뭘 싫어해요?　—— 妹は（　　　　）が嫌いです．

→ _____

> 동물 <u>動物</u>　개 犬　고양이 猫　새 鳥

⑤ 남자 친구는 뭘 좋아해요?　—— 私の彼氏は（　　　　　）が好きです．

→ _____

> 여행 <u>旅行</u>　운동 <u>運動</u>　음악 <u>音楽</u>　영화 <u>映画</u>　등산 <u>登山</u>

Q 3 次の文を日本語に訳しましょう．

① 내일은 비가 많이 오겠습니다.　_____

② 저와 같이 가시겠어요?　_____

③ 내일부터 열심히 공부하겠습니다.　_____

④ 아침에 일찍 일어나겠습니다.　_____

⑤ 곧 영화가 시작되겠어요.　_____

Q 4　次の文を「〜겠〜」を使って韓国語に訳しましょう.

① 私は味噌鍋を注文します. (해요体)　_____

② その服はちょっと大きいでしょう. (해요体)　_____

③ 私はここで降ります. (합니다体)　_____

④ よく分かりません. (합니다体)　_____

⑤ 来週はそれほど暑くないでしょう. (해요体)　_____

Q 5　音声を聞いて (　　) のなかに適切な語句を入れましょう.　🔊 87

김민정 : 뭘 (　　　　　　　　　)

스즈키 : 저는 비빔밥을 (　　　　　　　　　)

김민정 : 저도 (　　　　　　　　　　　　)

스즈키 : (　　　　　　　　　　　　　　)

Q 6　単語の意味を探しましょう.

1　개	23　싫어하다	☐ うまい, おいしい	☐ 果物
2　고양이	24　알다	☐ 分かる, 知る	☐ 花屋
3　과일	25　야구	☐ くれる, やる,	☐ 起きる
4　귤	26　여자	あげる	☐ 嫌う, 嫌いだ
5　꽃집	27　열심히	☐ コーヒー	☐ 犬
6　남자	28　음식점	☐ コンビニ(便宜店)	☐ 好む, 好きだ
7　내리다	29　음악	☐ サッカー(蹴球)	☐ 降りる
8　냉면	30　일어나다	☐ たくさん, 多く	☐ 従業員
9　녹차	31　잘	☐ 本当に, まこと	☐ 女子, 女性
10　농구	32　종업원	に, 実に, とても	☐ 召し上がる
11　다음주	33　좋아하다	☐ バスケットボー	☐ 大きい
12　동물	34　주다	ル(篭球)	☐ 男子
13　드시다	35　집	☐ パン屋	☐ 登山
14　등산	36　참	☐ ビビンバ	☐ 動物
15　많이	37　축구	☐ ミカン(橘)	☐ 猫
16　맛있다	38　커피	☐ よく	☐ 分からない, 知
17　모르다	39　크다	☐ リンゴ(沙果)	らない
18　뭘	40　편의점	☐ 一生懸命, 熱心に	☐ 野球
19　배		☐ 飲食店	☐ 来週
20　비빔밥		☐ 音楽	☐ 梨
21　빵집		☐ 何を	☐ 緑茶
22　사과		☐ 家, 店	☐ 冷麺

20 両班について

韓国の歴史・文化を知るうえで欠かせないキーワードの一つとして,「両班」(양반)があります.「両班」とは何でしょう?

「両班」とは高麗時代(910～1392)に成立した言葉で,本来は文武官僚(文臣＝東班,武臣＝西班)を指していました.しかし朝鮮時代(1392～1910)に入ると,現職の官僚に限らず,この時代の世襲的な支配身分である士族(またはソンビ:선비)への一般的呼称として徐々に定着していきました.彼らは父系の一族単位で結束し,子弟の科挙(官僚登用試験)合格や王室や他の有力な門閥との婚姻関係などを通じて,王朝での権威を確保していきました.19世紀には,こうした門閥のうち特に安東金氏,豊壌趙氏,驪興閔氏といった一門が要職を独占した時期もあります.ちなみに例えば「安東金氏」は金氏のうち,特に安東を本貫(氏族発祥地とされる地域名)とする人々を指します.本貫に基づく集団の下に,さらに王朝への貢献実績などを誇る顕祖(優れた祖先)の子孫が分派を形成しており,実際には人々はこうした分派ごとに結束して,社会的地位を保っていたのです.この時代に形成された家族制度には,現在も引き継がれている要素が少なくありません.

このように王朝官僚として高い地位を占める人々の他に,各地方ごとに独自の社会的権威を誇る,郷班(在地士族)と呼ばれる人々も存在しました.彼らは地主として経済的な基盤を保ちつつ,地方の政治に影響力を保持し,書院(儒学教育施設)などを拠点に幅広い人脈を作りあげていました.儒学に基づく社会秩序の普及・維持の担い手となる一方,戦争となれば王朝を守るため,独自の義勇兵部隊(義兵)を組織することもありました.朝鮮王朝の統治は,彼らの存在なくしては語れないものだったとも言えるでしょう.彼らには儒教の規範に則った正しい礼儀作法と幅広い学問教養・人格修養が厳しく求められました.仮に名家の出であっても,こうした資質を身につけていない人物は士族(両班)として失格である,と指弾されることもありえたのです.

朝鮮時代後期には,古い身分制は徐々に崩れていきました.しかし旧来の士族,さらには士族以外の人々の間でも,儒学(朱子学)の規範の中の孝や上下関係,義理を重んじる精神を意識的に追求していく気風は社会に広く残りました.

「両班」意識はポジティブな側面ばかりで見ることはできないとも言えるでしょう.例えばその気風は現代的観点からすると,ともすれば家柄へのこだわりや権威主義に通じることがあり,それが批判の対象とされることもありました.ともあれ急速な社会の変化の中で,現代韓国では「両班」意識も徐々に薄れ,あるいは変質しつつあるのかもしれません. (吉川)

第21課 몇 시에 만날까요?

Point! ～고 싶다 ～(으)ㄹ까요? ～(으)ㅂ시다.

이유진 : 「결혼」이라는 영화 보셨어요?

다나카 : 아뇨, 보고 싶어요.

이유진 : 그럼, 이번 일요일에 같이 가시겠어요?

다나카 : 좋아요. 어디에서 몇 시에 만날까요?

이유진 : 학교 앞에서 오후 2시, 어떠세요?

다나카 : 그래요. 그럼 모레 만납시다.

1. 발음 (発音)

「결혼」이라는	[겨로니라는]
보셨어요	[보셔써요]
보고 싶어요	[보고시퍼요]
일요일에	[이료이레]
같이	[가치]
가시겠어요	[가시게써요]
좋아요	[조아요]
몇 시에	[면씨에]
학교 앞에서	[학꾜아페서]
2시	[두시]
만납시다	[만납씨다]

2. 단어 (単語)

결혼	結婚
～(이)라는	～と言う　◆ 引用を表す連体形
보다	見る
～고 싶다	～(し)たい　☞3【1】
그럼	それでは，では

이번	今回，今度

지난번	다음번
前回	次回

일요일	日曜日
같이	一緒に
좋다	よい，いい
～(으)ㄹ까요?	～(し)ましょうか　☞3【2】
앞	前

뒤	옆	안	속	밖
後ろ	横，隣	中，内		外
위	아래	밑		
上	下	底，下		

오후	午後

오전
午前

2(두)시	2時　☞59頁参照
어떠세요?	いかがでしょうか．　◆ 原形は「어떻다」☞付録ㅎ変則参照
그래요.	そうしましょう．　◆ 原形は「그렇다」☞付録ㅎ変則参照 場合によって「そうですね」にもなります．
모레	明後日
～(으)ㅂ시다.	～(し)ましょう　☞3【3】

3. 문법과 표현 (文法と表現)

【1】

> 動詞の語幹＋**고 싶다** ： 〜(し)たい〈原形〉

希望を表す「〜(し)たい」は，語幹に「〜**고 싶다**」を付けて表します．丁寧な表現を作る語尾などは「〜**고 싶다**」の「〜**다**」を取ってから付けます．なお，「〜が/をしたい」のように対象を入れる際は「〜**를/을**」を用います．

◀ 89

영화를 보**다** 映画を見る　→　보고 싶다
→　영화를 보고 싶**습니다**. ／보고 싶**어요**.
　　　映画が見たいです．

한글을 배우**다** ハングルを習う　→　배우고 싶다
→　한글을 배우고 싶**습니까**? ／ 배우고 싶**어요**?
　　　ハングルが習いたいですか．

【2】

> 用言（母音語幹または ㄹ 語幹）＋ **ㄹ까요?**
> 　　　　　：〜(し)ましょうか，〜(する)でしょうか
> 用言（子音語幹）＋ **을까요?**

自分の考えを相手に提案する場合の「〜(し)ましょうか」，ある事柄について意見を求めて相談する場合の「〜(する)でしょうか」の表現です．母音語幹には「〜**ㄹ까요?**」を，ㄹ 語幹は ㄹ を取ってから「〜**ㄹ까요?**」を，子音語幹には「〜**을까요?**」を付けます．

만나**다**　　会う　→　만날**까요**?　　　　　会いましょうか
멀**다**　　　遠い　→　(머다) →　멀**까요**?　遠いでしょうか
남**다**　　　残る　→　남을**까요**?　　　　　残るでしょうか

【3】

> 動詞（母音語幹または ㄹ 語幹）＋ **ㅂ시다.**
> 　　　　　　　　　　　　　　：〜(し)ましょう
> 動詞（子音語幹）＋ **읍시다.**

勧誘・提案を表す「〜(し)ましょう」の表現です．この表現は日本語と異なり目上の人に対しては用いることができません．母音語幹には「〜**ㅂ시다.**」を，ㄹ 語幹は ㄹ を取ってから「〜**ㅂ시다.**」を，子音語幹には「〜**읍시다.**」を付けます．

가**다**　　行く　→　갑**시다**.　　　　　行きましょう
팔**다**　　売る　→　(파다) →　팝**시다**.　売りましょう
읽**다**　　読む　→　읽**읍시다**.　　　　読みましょう

Q1 次の表を完成しましょう.

韓国語	日本語	～(し)ましょうか	～(し)ましょう
①먹다	食べる	먹을까요?	먹읍시다.
②찾다	探す, おろす, ひく		
③앉다	座る		
④쉬다	休む		
⑤놀다	遊ぶ		
⑥찍다	撮る		
⑦기다리다	待つ		
⑧열다	開ける, 始める		
⑨끝나다	終わる		
⑩작다	小さい		

Q2 例にならって文を作りましょう.

例) 경복궁 景福宮 ／ 꼭 ぜひ, 必ず ／ 가다 行く （景福宮にぜひ行きたいです. : 해요体）

→ _____ 경복궁에 꼭 가고 싶어요. _____

① 은행 銀行 ／ 돈 お金 ／ 찾다 おろす （銀行でお金をおろしたいです. : 합니다体）

→ _____

② 봄방학 春休み(-放学) ／ 꼭 ぜひ, 必ず ／ 같이 一緒に ／ 한국 韓国 ／
가다 行く （春休みにぜひ一緒に韓国に行きましょう.）

→ _____

③ 문 ドア(門) ／ 좀 ちょっと ／ 닫다 閉める （ドアをちょっと閉めましょう.）

→ _____

④ 창문 窓(窓門) ／ 모두 すべて, 全部 ／ 열다 開ける （窓をすべて開けましょうか.）

→ _____

⑤ 선생님 先生 ／ 이 この ／ 음악 音楽 ／ 좋아하다 好きだ, 好む
（先生がこの音楽をお好きでしょうか.）

→ _____

Q 3 次の文を日本語に訳しましょう.

① 주말에는 쉬고 싶어요. _____

② 점심에는 뭘 먹을까요? _____

③ 여기 같이 앉읍시다. _____

④ 시험이 일찍 끝날까요? _____

⑤ 토요일에는 우리 집에서 놉시다. _____

Q 4 次の文を韓国語に訳しましょう.

① 私はジュースをもっと飲みたいです.（해요体）_____

② 今日は学校に行きたくありません.（해요体）_____

③ 火曜日に図書館の前で待ちましょうか. _____

④ 一緒に写真を撮りましょう. _____

⑤ このズボンはあまりに小さいでしょうか. _____

Q 5 音声を聞いて（　　）のなかに適切な語句を入れましょう.　🔊 90

김민정 : 스즈키 씨 （　　　　　　　　　　　　　）

스즈키 : 네, （　　　　　　　　　　　）

김민정 : 그럼「형제」라는 영화, （　　　　　　　　　　　　）

스즈키 : （　　　　　　　　　　　　　）

Q 6 単語の意味を探しましょう.

1 기다리다	16 아래	☐ ぜひ, 必ず	☐ <u>週末</u>
2 꼭	17 앉다	☐ ドア (門)	☐ 小さい
3 끝나다	18 앞	☐ 横, 隣	☐ 上
4 남다	19 옆	☐ 下	☐ 前
5 놀다	20 오후	☐ 会う	☐ 前回
6 다음번	21 위	☐ 外	☐ 待つ
7 닫다	22 이번	☐ 休む	☐ 中, 内
8 뒤	23 읽다	☐ <u>午後</u>	☐ <u>昼, 昼食 (点心)</u>
9 만나다	24 작다	☐ 後ろ	☐ <u>土曜日</u>
10 모레	25 점심	☐ 今回, 今度	☐ 読む
11 문	26 주말	☐ 座る	☐ <u>兄弟</u>
12 밖	27 지난번	☐ 残る	☐ 閉める, 閉じる
13 사진	28 토요일	☐ 次回	☐ 明後日
14 속, 안	29 형제	☐ <u>写真</u>	☐ 遊ぶ
15 쉬다		☐ 終わる	

21 前近代の日朝交流と朝鮮通信使

　豊臣秀吉の侵略(壬辰倭乱／文禄慶長の役：1592～98年)や近代以後の植民地化など，とかく暗いイメージがつきまといがちな日韓・日朝関係史ですが，その間にはより長期にわたる安定した友好の時代があったことを覚えておきたいものです．それは17世紀から19世紀初めまで，日本での江戸時代，韓国での朝鮮時代後期にあたります．この時代の善隣外交の担い手となったのが，朝鮮通信使でした．

　古代以来途絶えていた両国間の国交は1404年，朝鮮と室町幕府の間で再開されました．以後，両国は対等な関係(いわゆる「交隣関係」)を原則として交流を深めていきます．室町時代は年間200隻もの貿易船が海峡を往来し，綿布や仏教経典・各種文化財のほか，木綿栽培や銀の精錬法といった当時の先進技術が活発に日本に伝えられた時代だったのです．またこれとは別に，当時独立王国であった琉球(沖縄)も，朝鮮と独自の交流を盛んに行っていたことが知られています．

　17世紀，新体制を樹立した徳川幕府は，日朝貿易に経済的に依存していた対馬藩の働きかけに応じて，いち早く交隣関係の復活に乗り出しました．秀吉の侵略で疲弊した朝鮮もこの要請を受け入れ，国交回復に踏み切ります(1607年)．朝鮮側は日本に連行された捕虜の返還交渉などのため使節を活発に派遣します．これをきっかけに朝鮮からの使節派遣が定例化したのが，朝鮮通信使です．

　朝鮮通信使は徳川将軍の代替わりの祝賀などを名目とした，朝鮮高官を正使(代表)とする300～500人の大使節団でした．東莱(現在の釜山市)を出発して海路で対馬から瀬戸内海を経て，関西から陸路で江戸に至りました．瀬戸内沿海の寄港地や江戸への陸路の途上では各藩の大名家が接待にあたり，また珍しい外国の使節やその知識・文物を目にしようと，知識人や庶民が多数沿路に詰めかけたといわれています．こうした接待・交流の名残りが，現在も朝鮮人街道(滋賀県)，唐子踊り(岡山県)など全国各地にみられます．

　鎖国の時代，中国・オランダとの交渉は周知の通り長崎出島に限られ，しかもこれは通商のみに制限された関係でした．そんななかで正式な外交関係を結び，政治・経済両面で深い関係を築いていた唯一の外国が朝鮮であり，その影響は今日私たちが想像するより大きなものだったようです．こうした影響はとりわけ，儒学を初めとする学問・文芸面で目に付きます．例えば『東医宝鑑』に代表される朝鮮の医学書は，西洋医学が普及するまで日本においても医師必携の専門書とされていました．こうした知識・文物の生きた「窓口」として，通信使は歓迎されたのです．また朝鮮側にとっても，通信使は日本情勢を知る手がかりであり，サツマイモなど西洋由来の新作物の「窓口」などとして，一定の意義を持っていたと考えられます．　　　　　　　　　(吉川)

第22課 수영을 하고 있어요.

Point! ~고 있다 ~지 못하다 못~

이유진 : 다나카 씨는 취미가 뭐예요?

다나카 : 운동이에요.

　　　　요즘은 수영을 하고 있어요.

이유진 : 수영을 잘하세요?

다나카 : 아뇨, 그저 그래요.

이유진 : 저는 수영을 전혀 하지 못해요.

　　　　꼭 배우고 싶어요.

1. 발음 (発音)

다나카 씨는	[다나카씨는]
뭐예요	[뭐에요]
요즘은	[요즈믄]
하고 있어요	[하고이써요]
잘하세요	[자라세요]
그저 그래요	[그저그래요]
전혀	[저녀]
하지 못해요	[하지모태요]
싶어요	[시퍼요]

2. 단어 （単語）

취미 | 趣味

스포츠 スポーツ	낚시 釣り	독서 読書	댄스 ダンス
음악감상 音楽鑑賞	우표수집 切手(郵票)収集	등산 登山	여행 旅行

운동	運動
요즘	この頃
수영	水泳
～고 있다	～(し)ている ☞ 3【1】
잘하다	上手だ，うまくやる ☞ 3【4】
그저 그래요.	まあまあです.
전혀	全く，全然
～지 못하다	～ができない ☞ 3【2】【3】
꼭	ぜひ，必ず
배우다	学ぶ，習う
～고 싶다	～(し)たい ☞ 105頁参照

3. 문법과 표현 （文法と表現）

【1】

> ### 動詞＋ 고 있다 ： ～(し)ている〈原形〉

　　動作の進行，継続を表す「～(し)ている」表現は，語幹に「～고 있다」を付けて表します. 丁寧な表現を作る語尾などは「～고 있다」の「～다」を取ってから付けます.

🔊92

　　쓰**다** 書く　→　〈쓰고 있다〉
　　　→　쓰고 있**습니다.**／쓰고 있**어요.**　書いています

　　운동하**다** 運動する　→　〈운동하고 있다〉
　　　→　운동하고 있**습니다.**／운동하고 있**어요.**　運動しています

　　놀**다** 遊ぶ　→　〈놀고 있다〉
　　　→　놀고 있**습니까?**／놀고 있**어요?**　遊んでいますか

111

【2】

動詞＋ **지 못하다** ：動詞の不可能表現〈原形〉

不可能を表す「～できない」という表現は，語幹に「**～지 못하다**」を付けて表します．丁寧な表現を作る語尾などは「**～지 못하다**」の「**～다**」を取ってから付けます．

마시**다** 飲む　→　〈마시**지 못하다**〉

→　마시지 못합**니다**．／마시지 못**해요**．　飲めません

전화하**다** 電話する　→　〈전화하**지 못하다**〉

→　전화하지 못합**니까?**／전화하지 못**해요?**　電話できませんか

【3】

못 ＋動詞 ： 動詞の不可能表現〈原形〉

動詞の前に「**못**」を付けることで，「**～지 못하다**」と同じ意味を表します．ただし，**名詞に「하다」が付いてできた動詞**の場合は「**하다**」のすぐ前に「**못**」を入れます．

마시다 飲む　→　〈**못** 마시**다**〉

→　못 마십**니다**．／못 마셔**요**．　飲めません

전화하다 電話する　→　〈전화 **못** 하다〉

→　전화 못 합**니까?**／전화 못 **해요?**　電話できませんか

【4】

～를/을 잘하다 ： ～が上手だ〈原形〉

「～が上手だ」の助詞の「～が」には，「**～를/을**」が対応します．

한국어**를** 잘합니다．／잘해요．　　韓国語**が**上手です．

운동**을** 잘합니까?／잘해요?　　運動**が**上手ですか．

Q 1　次の表を完成しましょう.

韓国語	日本語	～(し)ています （합니다体）	不可能表現 ～できません（해요体）
①말하다	話す	말하고 있습니다.	말하지 못해요.
②자다	寝る		
③마시다	飲む		
④신다	履く		
⑤운전하다	運転する		

112

⑥찾다	探す, ひく, おろす		
⑦걸다	かける		
⑧보다	見る		
⑨지키다	守る		
⑩잘하다	上手だ, うまくやる		

Q2 例にならって文を作りましょう.

例) 저 私／인터넷 インターネット／하다 する
(私はインターネットをやっています.：해요체)

→ _____ 저는 인터넷을 하고 있어요. _____

① 누나 (弟から)姉／방 部屋(房)／공부하다 勉強(工夫)する
(姉は部屋で勉強しています.：해요체)

→ _____

② 저 私／김치 キムチ／먹다 食べる　(私はキムチを食べられません.：해요체)

→ _____

③ 제 私の／남동생 弟(男同生)／요리 料理／잘하다 上手だ
(私の弟は料理が上手です.：합니다体)

→ _____

④ 지금 今(只今)／전화 電話／걸다 かける　(今は電話をかけられません.：해요체)

→ _____

⑤ 단어 単語／전부 すべて, 全部／외우다 覚える, 暗記する
(単語をすべて覚えられませんでした.：해요체)

→ _____

Q3 次の文を日本語に訳しましょう.

① 매일 한국 드라마를 보고 있어요. _____

② 언니는 영어를 대단히 잘해요. _____

③ 여기에서는 신발을 신지 못해요. _____

④ 어제는 전혀 못 잤어요. _____

⑤ 오늘은 운전 못 해요. _____

Q4　次の文を韓国語に訳しましょう.

① 今, 辞書を引いています.（합니다体）　_____

② 私はお酒を飲めません.（해요体）　_____

③ 私の友だちは明日来られません.（해요体）　_____

④ 兄は料理が上手ではありません.（해요体）　_____

⑤ 先週は約束を守られませんでした.（합니다体）

_____

Q5　音声を聞いて（　　）のなかに適切な語句を入れましょう.　　🔊93

김민정 : 스즈키 씨는 （　　　　　　　　　　　　　　　）

스즈키 : （　　　　　　　　　　　）예요.

김민정 : 스즈키 씨는 한국어를 （　　　　　　　　　　　　）

스즈키 : （　　　　　　　　　　　）

Q6　単語の意味を探しましょう.

1　걸다	21　언니	☐ (弟から)兄	☐ 食べる
2　남동생	22　여행	☐ (弟から)姉	☐ 寝る
3　내일	23　영어	☐ (妹から)姉	☐ 水泳
4　놀다	24　요리	☐ インターネット	☐ 切手(郵票)収集
5　누나	25　요즘	☐ 酒	☐ 全く
6　단어	26　우표수집	☐ かける	☐ 単語
7　독서	27　운동	☐ この頃	☐ 探す, ひく, おろす
8　등산	28　음악감상	☐ スポーツ	☐ 中国語
9　마시다	29　인터넷	☐ 飲む	☐ 弟(男同生)
10　매일	30　자다	☐ 運動	☐ 電話
11　먹다	31　잘하다	☐ 英語	☐ 登山
12　방	32　전혀	☐ 音楽鑑賞	☐ 読書
13　배우다	33　전화	☐ 学ぶ, 習う	☐ 部屋(房)
14　보다	34　중국어	☐ 見る	☐ 毎日
15　사전	35　지금	☐ 今(只今)	☐ 明日(来日)
16　수영	36　지키다	☐ 辞典, 辞書	☐ 約束
17　술	37　찾다	☐ 守る	☐ 遊ぶ
18　스포츠	38　취미	☐ 趣味	☐ 旅行
19　쓰다	39　형	☐ 書く, 使う, かぶる	☐ 料理
20　약속		☐ 上手だ, うまくやる	

22 近代の朝鮮半島と日本

　産業資本主義と国民国家体制に象徴される「近代」は，日本でも韓国・朝鮮でも外圧によってもたらされたものでした．ただ韓国・朝鮮の場合，その外圧がもっぱら日本からのものだった点を踏まえておくべきでしょう．開港の契機は軍艦・雲揚号による武力示威(江華島事件：1875年)でした．

　日露戦争(1904〜05年)で日本軍は局外中立を宣言していた韓国(当時大韓帝国，1897年朝鮮から改称)を占領し，軍事的圧力のもとに日韓保護条約(乙巳条約，1905年)を締結します．これによって保護国とされた韓国は外交権を剥奪され，韓国統監府の支配下におかれました．これに抗議して地方士族・軍人・民衆らによる武装抵抗運動(義兵闘争)や都市知識人らによる言論・文化活動(愛国啓蒙運動)が盛んに行われますが，日本側は武力をともなう激しい弾圧や親日派団体・一進会への支援など，分断工作で対抗します．統監府のもとで日本による支配体制が段階的に確立され，韓国併合条約(1910年8月22日)によって植民地化が完了したのでした．

　植民地時代(日帝時代：1910-45年)，朝鮮半島は天皇直属の朝鮮総督府(韓国統監府の後身)の支配下におかれ，日本の軍人が総督として三権を専掌しました．植民地期は大きく (1) 武断統治期(1910〜19年) (2) 文化政治期(1919〜31年) (3) 戦時体制期(1931〜45年) の3期に分けられます．「武断統治期」とは，総督指揮下の憲兵(憲兵警察)が司法・行政などあらゆる権限を管掌する一方，朝鮮人の政治・言論活動は全面的に禁じられるなど，強権的な支配が前面に打ち出された時期です．

　こうした抑圧的支配に抗して起こったのが3・1独立運動(1919年)でした．独立を叫んで全国で200万人が参加したこの大規模示威運動に対して，総督府側は徹底的な鎮圧で臨み，堤岩里事件など数多くの犠牲者を生んで終息します．この運動の結果，従来の強権支配はある程度緩和されました．これが「文化政治期」で，憲兵警察制度の廃止・一定の言論活動の許容などの施策が出されました．しかし政治活動の抑圧など軍主導による強権的な支配体制に根本的な変化はなく，また産米増殖計画(1926〜34年)に代表される米穀モノカルチャー化の進展により，朝鮮社会は農業植民地としての様相を深めていきます．

　満洲事変勃発(1931年)を契機に日本が中国侵略への道を進むにつれ，事態は急変していきます．これが「戦時体制期」にあたります．中国侵略の重要拠点と位置付けられた朝鮮では言論・文化活動への抑圧が再び強化され，さらに日中戦争開戦(1937年)後は神社参拝や朝鮮語教育の廃止など，民族文化の否定にまで進んでいきます．本格的な軍需工業化の進展，日本国内の労働力不足に伴って，朝鮮も総動員体制に巻き込まれます．国民徴用令(1939年)を契機として強制・半強制による様々な徴用・連行が日常化していきます．皇民化政策はこうした動きを正当化するための政治的手段でもあったのです．解放(日本敗戦：1945年)まで続いたこの体制が韓国・朝鮮社会に残した傷は，今なお日本の私たちの想像以上に深いものです．　　　　　　　　(吉川)

第23課 우리 집에 한번 놀러 오세요.

Point! ~고 ~지만 ~(으)러

🔊 94

다나카 : 유진 씨는 주말에 뭘 하세요?

이유진 : 토요일에는 숙제를 하고, 일요일에는 쉬어요.

다나카 : 저는 가끔 친구를 만나지만, 보통 집에 있어요.

이유진 : 그럼 우리 집에 한번 놀러 오세요.

다나카 : 정말이에요?

이유진 : 예. 그런데 꼭 전화하고 오세요.

1. 발음 (発音)

유진 씨는	[유진씨는]
주말에	[주마레]
뭘 하세요	[뭐라세요]
토요일에는	[토요이레는]
숙제를	[숙쩨를]
일요일에는	[이료이레는]
집에	[지베]
있어요	[이써요]
우리 집에	[우리지베]
정말이에요	[정마리에요]
전화	[저놔]

116

2. 단어 （単語）

주말	週末
숙제	宿題
～고	～（し）て　☞3【1】
쉬다	休む
가끔	たまに
～를/을 만나다	～に会う　☞3【4】
～지만	～だけど，けれど　☞3【2】
보통	普通，普段
그럼	それでは，では
우리 집	わが家
한번	一度　◆「一回」を意味する「한 번」とは区別します．
놀다	遊ぶ
～（으）러	～（し）に　☞3【3】
오다	来る
정말	本当，本当に
그런데	ところが　☞67頁参照
꼭	ぜひ，必ず
전화하다	電話する

3. 문법과 표현 （文法と表現）

◀ 95

【1】

用言 ＋ **고** 　：　用言の並列・完了表現

　　用言の語幹に「～**고**」をつけると「～（し）て」となり，並列・完了を表します．
前文と後文の間に因果関係がない場合に使われます．

영화도 보**고** 이야기도 했습니다.	映画も見て話もしました．
언니는 키가 크**고** 예쁩니다.	姉は背が高くてきれいです．
밥을 먹**고** 학교에 갔어요.	ご飯を食べて学校に行きました．
버스를 타**고** 가세요.	バスに乗って行ってください．

【2】

用言 ＋ **지만** 　：　用言の逆接表現

　　用言の語幹に「～**지만**」をつけると「～（する）けれど／（だ）が」となり，逆接を表
します．

시간이 없**지만** 가고 싶어요.	時間がないけれど行きたいです．
영화를 봤**지만** 재미없었어요.	映画を見ましたがおもしろくなかったです．

117

【3】

| 動詞 （母音語幹または ㄹ語幹） ＋ **러** | : ～（し）に |
| 動詞 （子音語幹） ＋ **으러** | |

　　動作の目的を表す「～（し）に」の表現です．母音語幹と ㄹ語幹には「～러」を，子音語幹には「～으러」を付けます．

　　　　마시다　　飲む　　→　　마시**러**　　飲みに
　　　　만들다　　作る　　→　　만들**러**　　作りに
　　　　먹다　　食べる　　→　　먹**으러**　　食べに

【4】

　　～를/을 만나다　　：～に会う〈原形〉

　　「～に会う」の助詞の「～に」には，「～를/을」が対応します．

　　　　친구를 만납니다. ／만나요.　　友だち(親旧)に会います.
　　　　형을 만납니까? ／만나요?　　兄に会いますか.

Q 1　次の表を完成しましょう.

韓国語	日本語	並列・先行・様態 ～（し）て	逆接 ～（する）けれど	動作の目的 ～（し）に
①먹다	食べる	먹고	먹지만	먹으러
②사다	買う			
③씻다	洗う			
④타다	乗る			
⑤가지다	持つ			
⑥팔다	売る			
⑦보다	見る			
⑧주다	くれる, やる, あげる			
⑨많다	多い			
⑩싸다	安い			

Q 2　例にならって文を作りましょう.

例)　수업 授業 ／끝나다 終わる ／학생들 学生たち ／집 家 ／가다 帰る, 行く
　　　（授業が終わって学生たちは家へ帰りました．：해요体）

→　　　　수업이 끝나고 학생들은 집으로 갔어요.

118

① 그 방 その部屋(房) / 역 駅 / 멀다 遠い / 비싸다 (値段が)高い
  (その部屋は駅から遠くて，高いです．: 해요体)

→ _____

② 이번주 今週 / 바쁘다 忙しい / 다음주 来週 / 괜찮다 大丈夫だ
  (今週は忙しいけれど来週は大丈夫です．: 해요体)

→ _____

③ 어제 昨日 / 비 雨 / 오다 降る，来る / 따뜻하다 暖かい
  (昨日は雨が降ったけれど暖かかったです．: 해요体)

→ _____

④ 언니 (妹から)姉 / 도서관 図書館 / 공부하다 勉強(工夫)する / 공원 公園
  / 놀다 遊ぶ
  (姉は図書館に勉強しに行きましたが，私は公園で遊びます．: 합니다体)

→ _____

⑤ 우리 私たち / 은행 銀行 / 돈 お金 / 찾다 おろす，探す，ひく
  (私たちは銀行にお金をおろしに行きます．: 해요体)

→ _____

Q 3　次の文を日本語に訳しましょう.

① 세수하고 밥 먹고 학교에 갑니다. _____

② 이 치마는 예쁘지만 너무 짧아요. _____

③ 여기까지 택시 타고 왔어요? _____

④ 친구 선물을 샀지만 아직 주지 못했어요. _____

⑤ 우리 같이 영화 보러 갈까요? _____

Q 4　次の文を韓国語に訳しましょう.

① このカバンは安くて良いです．(합니다体) _____

② 傘を持って来ましたか．(해요体) _____

③ リンゴを買いに市場に行きました．(합니다体) _____

④ 宿題が多かったけれどもすべてやりました．(해요体) _____

⑤ 手を洗いにトイレに行きます．(해요体) _____

Q5　音声を聞いて（　　　）のなかに適切な語句を入れましょう.　　　◀: 96

김민정 : 주말에　（　　　　　　　　　　　　）

스즈키 : （　　　　　　　　　　　　）

김민정 : （　　　　　　　　　　　　　　　　）

스즈키 : 감사합니다.

Q6　単語の意味を探しましょう.

1 가끔	33 숙제	☐ それでは，では	☐ 傘(雨傘)
2 가다	34 쉬다	☐ (値段が)高い	☐ 市場
3 가지다	35 시간	☐ あまりにも	☐ 持つ
4 공부하다	36 시장	☐ お金	☐ 時間
5 공원	37 씻다	☐ きれいだ, かわいい	☐ 手
6 괜찮다	38 어제	☐ くれる，やる，	☐ 授業
7 그런데	39 없다	あげる	☐ 終わる
8 그럼	40 역	☐ ご飯	☐ 週末
9 꼭	41 영화	☐ スカート	☐ 宿題
10 끝나다	42 예쁘다	☐ すべて，全部	☐ 乗る
11 너무	43 오다	☐ ぜひ，必ず	☐ 図書館
12 놀다	44 우리	☐ タクシー	☐ 洗う
13 다	45 우산	☐ たまに	☐ 多い
14 다음주	46 은행	☐ ところが，ところで	☐ 大きい
15 도서관	47 이번주	☐ ない，いない	☐ 大丈夫だ
16 돈	48 이야기	☐ バス	☐ 探す, ひく, おろす
17 따뜻하다	49 재미없다	☐ プレゼント(膳物)	☐ 短い
18 만들다	50 전화하다	☐ リンゴ(沙果)	☐ 暖かい
19 많다	51 정말	☐ 一度	☐ 電話する
20 바쁘다	52 주다	☐ 雨	☐ 背
21 밥	53 주말	☐ 映画	☐ 買う
22 방	54 집	☐ 駅	☐ 普通，普段
23 버스	55 짧다	☐ 家，店	☐ 部屋(房)
24 보다	56 찾다	☐ 我われ	☐ 勉強(工夫)する
25 보통	57 치마	☐ 休む	☐ 忙しい
26 비	58 크다	☐ 銀行	☐ 本当，本当に
27 비싸다	59 키	☐ 見る	☐ おもしろくない
28 사과	60 타다	☐ 公園	☐ 遊ぶ
29 사다	61 택시	☐ 行く	☐ 来る
30 선물	62 한번	☐ 今週	☐ 来週
31 손		☐ 作る	☐ 話し
32 수업		☐ 昨日	

23 現代韓国の政治

　1945年に解放された朝鮮半島は独立の喜びもつかの間，米ソ冷戦に巻き込まれて南北に分断され，朝鮮戦争（6・25動乱：1950〜53年）という大きな災禍を経験します．米国の強力な後押しで成立した韓国政府（李承晩政権：1948〜60年）は，戦火と貧困にあえぐ世情のなか，反共を掲げた強権的な体制を構築しました．1960年，独裁への反発は学生を中心とした大規模デモへと発展し，李承晩政権は崩壊しました（4・19学生革命）．しかし翌1961年には朴正熙ら若手将校がクーデター（5・16クーデター）を起こし軍事政権を樹立します．

　朴正熙政権（1961〜79年）は対日国交樹立（1965年）などを通じて積極的な外資導入と産業振興策を推進し，高度経済成長の基盤を整えますが，市民の政治・言論活動は厳しく統制されます．また権威主義的な政府主導の開発政策は，政府要人と癒着した巨大財閥中心の経済構造を生みだしました．こうした現状への不満から民主化要求の声が再び高まり，金大中ら野党指導者への支持が広がります．朴正熙暗殺（1979年）後も全斗煥らの軍人グループが再びクーデターで政権を掌握したことから緊張は頂点に達し，その帰結が1980年，光州市での市民と軍の大規模な衝突（光州民主化運動）でした．戒厳軍の鎮圧によって多数の市民が犠牲になり，人々の心に深い傷跡を残しています．

　1980年代の韓国はめざましい経済成長を遂げ，ソウル五輪誘致に象徴される華々しいアピールで対外的にも新しい「豊かな韓国」を印象づけましたが，強権政治は限界を迎えつつありました．1987年，連日の街頭デモや内外の批判の中，政府は政治活動や言論の自由を認める「民主化宣言」を発表し，金大中らが復権しました（六月民主化運動）．以後数度の大統領選挙を経て，ようやく安定した民主主義的体制が定着したのです．

　現在の韓国政治はかつての軍事政権と民主化運動右派の流れを汲む保守系と，民主化運動左派の流れを中心とした中道・革新系による二大政党制に近い構図です．両者は過去の権威主義体制への評価などをめぐって鋭く対立しながらも，互いに政権交代の受け皿となっています．しかし韓国も今や経済成長が頭打ちとなる中，グローバリゼーションに伴う競争過熱や格差拡大など「先進国」共通の課題に直面しています．国内市場が狭く輸出産業への依存度の高い経済構造を抱える韓国社会にとって，問題はより深刻です．保守・革新いずれも明るい未来への道筋を描ききれず，今後の見通しを不確かなものとしています．ともあれ現代韓国の民主主義はさまざまな問題を抱えつつも，上記のような試練を乗り越えて築き上げられた歴史があり，過度に悲観的に捉える必要はないのかもしれません．

（吉川）

第24課 시청에서 가까워요?

Point! ～(으)면　가깝다 → 가까워요(ㅂ変則用言)

다나카: 저기요… 덕수궁이 어디예요?

행　인: 여기서 좀 멉니다.

다나카: 얼마나 멀어요?

행　인: 전철로 가면 10분 정도 걸려요.
　　　　저… 시청을 아세요?

다나카: 예, 압니다. 시청에서 가까워요?

행　인: 시청 바로 옆에 있어요.

다나카: 고맙습니다.

1. 발음 (発音)

덕수궁이	[덕쑤궁이]
어디예요	[어디에요]
멉니다	[멈니다]
10분 정도	[십뿐정도]
압니다	[암니다]
옆에	[여페]
있어요	[이써요]
고맙습니다	[고맙씀니다]

2. 단어 （単語）

저기요…	ちょっとすいません… ◆ 人を呼ぶとき用いられるもので，「여보세요…」も同様に使われます.
덕수궁	<u>徳寿宮</u> ◆ ソウルにある朝鮮時代の宮殿
어디	どこ
행인	通行人(<u>行人</u>)
여기서	ここから ◆「서」は場所の起点を表す「에서」の縮約形
멀다	遠い ☞3【2】
얼마나	どのぐらい
전철	電車(<u>電鉄</u>), 地下鉄
～(으)면	～(す)れば ☞3【1】
～로 / 으로	～で〈手段を表す〉 ☞72頁参照
10(십)분	10分 ☞58頁参照
정도	<u>程度</u>
걸리다	(日時などが)かかる，(風邪などに)かかる ☞76頁参照
저…	あの…
시청	市役所(<u>市庁</u>)
알다	知る，分かる ☞3【2】
～에서	～から ☞72頁参照
가깝다	近い ☞3【3】
바로	すぐ，まっすぐに
옆	横，隣

오른쪽	왼쪽	동쪽	서쪽	남쪽	북쪽
<u>右</u>側	左側	<u>東</u>側	<u>西</u>側	<u>南</u>側	<u>北</u>側

고맙다	ありがたい ☞3【3】

3. 문법과 표현 （文法と表現）

【1】

> 用言（母音語幹またはㄹ語幹）＋ **면**
>
> ：仮定表現 ～(す)れば
>
> 用言（子音語幹）＋ **으면**

　　仮定を表す「～(す)れば」の表現です. 母音語幹とㄹ語幹には「～**면**」を，子音語幹には「～**으면**」を付けます.

					◀ 98
가다	行く	→	가**면**	行けば	
멀다	遠い	→	멀**면**	遠ければ	
읽다	読む	→	읽**으면**	読めば	

【2】 멀다 → 멉니다 : 遠い → 遠いです （ㄹ語幹用言）

　第13課，第17課，第18課，第21課，第23課の文型で扱った，語幹がㄹパッチム
で終わる**ㄹ語幹用言**は，①母音語幹にも付くものとしての**ㄴ**，(パッチムの)**ㄹ**，**ㅂ**，
ㅅで始まる語尾を付ける場合，**語幹の最後のㄹが脱落します**．②それ以外の音で
始まる語尾の場合は**ㄹを残したまま**母音語幹につけるものを付けます．例外は多
くありません．

①길다	長い	+	～(으)니까	→	기**니까** 長いので		
만들다	作る	+	～(으)ㄹ까요?	→	만들**까요?** 作りましょうか		☞第21課
멀다	遠い	+	～(스)ㅂ니다	→	멉**니다** 遠いです		☞第13課
팔다	売る	+	～(으)ㅂ시다	→	팝**시다** 売りましょう		☞第21課
살다	住む	+	～(으)시～	+	～ㅂ니까?	→	사**십니까?**
					住んでいらっしゃいますか		☞第17課
알다	知る	+	～(으)세요?	→	아**세요?** ご存知ですか		☞第18課
②놀다	遊ぶ	+	～(으)러	→	놀**러** 遊びに		☞第23課
멀다	遠い	+	～(으)면	→	멀**면** 遠ければ		☞第24課

【3】 가깝다 → 가까워요 : 近い → 近いです （ㅂ変則用言）

　語幹の最終音節がㅂパッチムで終わる用言（特に形容詞が多い）の多くは**ㅂ変則
用言**です．ㅂ変則用言は，以下の場合に語幹の**ㅂ**を**우**に変えて活用させます．
　①語幹の最後が子音で終わるか母音で終わるかによって形が変わる語尾
（「～(으)**세요?**」など）を付ける場合
　②語幹の最終音節の母音の種類などによって形が変わる語尾（「～**아요 / 어요
/ 여요**」など）を付ける場合
　ただし，「～(스)ㅂ**니다.**」「～(스)ㅂ**니까?**」の場合は形は変わりません．また
「**돕다** 手伝う」「**곱다** 美しい」の二つの用言に限っては，②の語尾を付ける際，語
幹の**ㅂ**を**오**に変えます．
　その他，「**입다** 着る」「**좁다** 狭い」「**잡다** つかむ・握る・取る」「**뽑다** 抜く・
選ぶ」などは変則用言ではありませんので注意が必要です．

124

①

原形	～(으)세요?	～(으)면
덥다 暑い	더우＋세요 → 더우세요? 暑いですか	더우면 暑ければ
어렵다 難しい	어려우＋세요 → 어려우세요? 難しいですか	어려우면 難しければ
돕다 手伝う	도우＋세요 → 도우세요? 手伝っていますか	도우면 手伝えば

②

原形	～아요 / 어요 / 여요
가깝다 近い	가까우＋어요 → 가까워요　近いです
춥다 寒い	추우＋어요 → 추워요　寒いです
쉽다 易しい	쉬우＋어요 → 쉬워요　易しいです
맵다 辛い	매우＋어요 → 매워요　辛いです
고맙다 ありがたい	고마우＋어요 → 고마워요　ありがたいです
반갑다 嬉しい	반가우＋어요 → 반가워요　嬉しいです
돕다 手伝う	도오＋아요 → 도와요　手伝います
곱다 美しい	고오＋아요 → 고와요　美しいです

Q 1　次の表を完成しましょう.

韓国語	日本語	仮定 ～(す)れば	過去の해요体 ～(し)ました
①좋다	よい，いい	좋으면	좋았어요.
②내리다	降りる		
③놀다	遊ぶ		
④열다	開ける，始める		
⑤알다	知る，分かる		
⑥어렵다	難しい		
⑦쉽다	易しい		
⑧가깝다	近い		
⑨맵다	辛い		
⑩입다	着る		

Q2 例にならって文を作りましょう.

例) 시간 時間 ／ 있다 ある ／ 커피 コーヒー ／ 한 잔 一杯 ／ 마시다 飲む
(時間があったらコーヒー一杯飲みましょう.)

→ _____ 시간이 있으면 커피 한 잔 마십시다. _____

① 배 お腹 ／ 고프다 (お腹が)すく ／ 밥 ご飯 ／ 먹다 食べる
(お腹がすいたらご飯を食べましょう.)

→ _____

② 집 家 ／ 역 駅 ／ 가깝다 近い ／ 참 本当に ／ 편하다 楽だ(便ー)
(家から駅が近ければ本当に楽です. : 해요体)

→ _____

③ 이번 今回 ／ 시험 試験 ／ 문제 問題 ／ 아주 とても ／ 어렵다 難しい
(今回の試験問題はとても難しかったです. : 해요体)

→ _____

④ 선생님 先生 ／ 지금 今(只今) ／ 일본 日本 ／ 살다 住む, 暮らす
(先生は今も日本にお住いですか. : 합니다体)

→ _____

⑤ 고등학교 친구 高校(高等学校)の友だち(親旧) ／ 놀다 遊ぶ ／ 오다 来る
／ 반갑다 (出会って)嬉しい (高校の友だちが遊びに来ると嬉しいです. : 해요体)

→ _____

Q3 次の文を日本語に訳しましょう.

① 이번 한국어 시험, 쉬울까요? _____

② 이 역에서 내리면 학교까지 제일 가까워요. _____

③ 저는 병원 근처에 삽니다. _____

④ 댁에서 학교까지 머세요? _____

⑤ 학교 도서관은 아침 아홉 시에 엽니다. _____

Q4 次の文を韓国語に訳しましょう.

① 韓国語は発音がとても難しいです. (해요体) _____

② そのキムチはちょっと辛かったです. (해요体) _____

③ この方をご存知ですか. (합니다体) _____

④ 弟はいつも公園で遊びます．（합니다体） _____

⑤ あまりにも寒ければお宅にいらっしゃってください． _____

Q5 音声を聞いて（　）のなかに適切な語句を入れましょう． ◀99

김민정：스즈키 씨，（　　　　　　　　　　　　　　　　　）

스즈키：（　　　　　　　　　　　　　）

김민정：한국의 겨울 （　　　　　　　　　　　　）

스즈키：（　　　　　　　　　）

Q6 単語の意味を探しましょう．

1 가깝다	30 시청	☐ (お腹が)すく	☐ 今回
2 가다	31 시험	☐ ありがたい	☐ 左側
3 걸리다	32 아주	☐ ある，いる	☐ 作る
4 고등학교	33 아침	☐ お宅，ご自宅	☐ 市役所(<u>市庁</u>)
5 고맙다	34 알다	☐ お腹	☐ <u>試験</u>
6 고프다	35 어렵다	☐ (日時などが)かかる，(風邪などに)かかる	☐ <u>時間</u>
7 공원	36 얼마나	☐ コーヒー	☐ 住む，暮らす，生きる
8 근처	37 열다	☐ すぐ，まさに	☐ 辛い
9 길다	38 옆	☐ ちょっと，少し	☐ <u>図書館</u>
10 남쪽	39 오른쪽	☐ とても，かなり	☐ 西側
11 내리다	40 왼쪽	☐ どのぐらい	☐ 早く
12 놀다	41 이번	☐ よい，いい	☐ 知る，分かる
13 댁	42 일찍	☐ 易しい	☐ 朝，朝食
14 도서관	43 읽다	☐ 一番(<u>第一</u>)，最も	☐ 長い
15 동쪽	44 있다	☐ 右側	☐ 通行人(<u>行人</u>)
16 만들다	45 전철	☐ 遠い	☐ <u>程度</u>
17 맵다	46 정도	☐ 横，隣	☐ 電車(<u>電鉄</u>)，地下鉄
18 멀다	47 제일	☐ 本当に	☐ <u>東</u>側
19 문제	48 좀	☐ 開ける，始める	☐ <u>読</u>む
20 바로	49 좋다	☐ 楽だ	☐ <u>南</u>側
21 반갑다	50 지금	☐ 寒い	☐ 難しい
22 발음	51 참	☐ (出会って)嬉しい	☐ 売る
23 배	52 춥다	☐ 近い	☐ <u>発音</u>
24 병원	53 커피	☐ <u>公園</u>	☐ <u>病院</u>
25 북쪽	54 팔다	☐ 行く	☐ 近所，付近
26 살다	55 편하다	☐ 降りる	☐ <u>北</u>側
27 서쪽	56 행인	☐ 高校(<u>高等学校</u>)	☐ <u>問題</u>
28 쉽다		☐ 今(<u>只今</u>)	☐ 遊ぶ
29 시간			

24 韓国語学習とインターネット

　現代の私たちの生活において，インターネットとその媒体であるパソコンやスマートフォンなどは欠かせない存在になっています．使い方次第で語学の勉強にとても有効です．韓国の地上波放送局にはKBS（公営）・EBS（公営教育）・MBC・SBSの四系列があり，インターネットによるサービス提供が非常に盛んです．ラジオとテレビのリアルタイムの放送はもちろん，過去の番組まで視聴できるうえ，台本を閲覧できる場合さえあります．スマートフォンやタブレット用のラジオアプリは，気楽に韓国語学習に活用できます．アプリストアでKBS・MBC・SBSなどを検索してみてください．聞き取りのためにラジオを活用することは古典的な学習方法です．韓国に関する今現在の様々な情報に接し，韓国をより身近な存在として感じるのも有益なことだと思います．

　サイト・アプリとして無料で使える辞書もあります．NAVER辞典またはDAUM辞典は韓日・日韓が使えて，例文もかなり豊富です．韓韓ではあるものの韓国の国家機関である国立国語院(국립국어원)が提供する標準国語大辞典(표준한국어대사전)もあります．この辞典の例文は既存の文献からのものであるという特徴があります．これらのネット辞書を使うためにはハングルの入力が必要となります．スマートフォン(스마트폰)やタブレットでのハングル入力の設定方法は機種によって多少異なりますが，入力できるモードにした後はいずれもハングルの書き順で入力します．例えば，ㅎ ㅏ ㄱ ㄱ ㅛを順番で入力すると학교になります．ㄲのような濃音はパソコンのShiftに該当するものをタップしてからㄱを入力します．

　パソコンでハングルを入力するためには，「言語」設定の中の「キーボード」または「入力言語」に「韓国語」を追加します．設定が終わったら，タスクバーの言語バーのJPをクリックし，KOの韓国語を選択します．KOの隣の「A」をクリックし「가」に変えれば，ハングル入力が可能になります．キーボードの配列は以下の通りで，左側の子音と右側の母音を交互に打つ要領で入力できます．ソフトキーボードも「가」のモードなら同じものが現れます．

　＜キーボードの配列例＞

(厳基珠)

［付　録］

◆**変則活用用言**：原形の語幹に特定の子音または母音があるもので，規則活用しないものを変則活用用言とします．形の特徴が一緒でも変則活用しないものがありますので注意しなければなりません．

ㅂ変則：語幹がㅂで終わる用言（形容詞が多い）			
原形	합니다体	해요体	尊敬表現
춥다 寒い	춥습니다	추워요	추우십니다
눕다 横になる	눕습니다	누워요	누우십니다
쉽다 易しい	쉽습니다	쉬워요	쉬우십니다
用言の語幹の終声「ㅂ」は，母音で始まる語尾の前では「우」に変わります．ただし，아 / 어 / 여のいずれかがつく活用の場合，次の二つの例外があります．この場合は，「ㅂ」が「오」に変わります． * 곱다（美しい）「고와요」 * 돕다（手伝う）「도와요」			
맵다（辛い）　줍다（拾う）　어렵다（難しい）　무섭다（怖い）　가볍다（軽い）　무겁다（重い）　고맙다（有難い）等			

変則活用しない用言：입다（着る）　좁다（狭い）　잡다（つかむ, 握る, 取る）　뽑다（抜く, 選ぶ）等

으変則：語幹が르以外の一で終わる用言			
原形	합니다体	해요体	尊敬表現
바쁘다 忙しい	바쁩니다	바빠요	바쁘십니다
크다 大きい	큽니다	커요	크십니다
기쁘다 嬉しい	기쁩니다	기뻐요	기쁘십니다
語幹の終声「一」は，「아 / 어」で始まる語尾が続くと脱落します．			
끄다（消す）　뜨다（浮く）　담그다（漬ける）　예쁘다（綺麗だ）　아프다（痛い）　쓰다（使う, 書く, かぶる, 苦い）　모으다（集める）等			

ㄷ変則：語幹がㄷで終わる動詞			
原形	합니다体	해요体	尊敬表現
묻다 尋ねる	묻습니다	물어요	물으십니다
걷다 歩く	걷습니다	걸어요	걸으십니다
싣다 載せる, 積む	싣습니다	실어요	실으십니다
語幹の終声「ㄷ」は，母音で始まる語尾の前では「ㄹ」に変わります．			
듣다（聴く）　깨닫다（悟る）　일컫다（称する）　붇다（ふやける, 増える）等			

変則活用しない用言：받다（もらう, 受ける）　닫다（閉める）　얻다（得る）　굳다（固い）　묻다（埋める）等

129

ㅅ変則：語幹がㅅで終わる用言			
原形	합니다体	해요体	尊敬表現
낫다 治る	낫습니다	나아요	나으십니다
짓다 建てる，炊く	짓습니다	지어요	지으십니다
잇다 結ぶ，継ぐ	잇습니다	이어요	이으십니다
語幹の終声「ㅅ」は，母音で始まる語尾の前では脱落します．			
붓다（注ぐ，腫れる）　젓다（漕ぐ，かき混ぜる）　긋다（(線などを)引く）等			

変則活用しない用言：웃다（笑う）　씻다（洗う）　벗다（脱ぐ）等

르変則：語幹が르で終わる用言			
原形	합니다体	해요体	尊敬表現
모르다 知らない	모릅니다	몰라요	모르십니다
빠르다 速い	빠릅니다	빨라요	빠르십니다
이르다 早い	이릅니다	일러요	이르십니다
語幹の「르」は，母音「아／어」で始まる語尾が続くと，「르」の前の音節の母音が陽母音であれば「ㄹ라」になり，陰母音であれば「ㄹ러」になります．			
고르다（選ぶ）　부르다（呼ぶ）　오르다（上る）　흐르다（流れる）　나르다（運ぶ）서투르다（下手だ）　다르다（違う）等			

ㅎ変則：語幹がㅎで終わる形容詞			
原形	합니다体	해요体	尊敬表現
이렇다 こうだ	이렇습니다	이래요	이러십니다
어떻다 どうだ	어떻습니다	어때요	어떠십니다
하얗다 白い	하얗습니다	하얘요	하야십니다
語幹の終声「ㅎ」は，母音「으」で始まる語尾が続くと脱落します．母音「아／어」で始まる語尾が続くと「ㅎ」は脱落し，「ㅏ」「ㅓ」は「ㅐ」になり，「ㅑ」は「ㅒ」になります．			
그렇다（そうだ）　저렇다（ああだ）　노랗다（黄色い）　빨갛다（赤い）까맣다（黒い）　파랗다（青い）等			

変則活用しない用言：놓다（置く）　닿다（届く，着く）　좋다（よい）等

러変則：語幹が르で終わる用言の中で以下の四つ			
原形	합니다体	해요体	尊敬表現
푸르다 青い	푸릅니다	푸르러요	푸르십니다
이르다 至る	이릅니다	이르러요	이르십니다
노르다 黄色い	노릅니다	노르러요	노르십니다
누르다 黄色い	누릅니다	누르러요	누르십니다
上の四つの用言に「어」で始まる語尾が続くと，「르어」が「르러」に変わります．			

◆**主な語尾**（語尾の日本語の意味は便宜上動詞のケースに限っている.）

＊用言の語幹に付ける語尾

1　〜고：〜（し）て〈並列・完了〉	
책도 읽**고** 음악도 들었어요. (並列)	本も読んで音楽も聞きました.
밥을 먹**고** 학교에 갔어요. (完了)	ご飯を食べて学校に行きました.

2　〜고 있다：〜（し）ている〈進行〉	
작년부터 한국어를 배우**고 있어요**.	去年から韓国語を学んでいます.

3　〜고 싶다：〜（し）たい〈希望〉	
신문기자가 되**고 싶습니다**.	新聞記者になりたいです.

4　〜지만：〜（する）けれど，（だ）が〈転換〉	
공부했**지만** 잘 모르겠습니다.	勉強しましたが，よく分かりません.

5　〜기 시작하다：〜（し）始める〈開始〉	
비행기가 움직이**기 시작했습니다**.	飛行機が動き始めました.

6　〜기 쉽다：〜（し）やすい 　　〜기 어렵다：〜（し）にくい	
일본어는 배우**기 쉬워요**.	日本語は学びやすいです.
받침은 발음하**기 어려워요**.	パッチムは発音しにくいです.

7　〜기 때문에：〜（する）ので〈原因〉	
바쁘**기 때문에** 못 가요.	忙しいので行けません.

8　〜기 위하여（위해）：〜（する）ために〈目的〉	
여행하**기 위하여** 저축을 합니다.	旅行するために貯金します.
회계사가 되**기 위해** 열심히 공부합니다.	会計士になるために一所懸命に勉強します.

9　〜지 않으면 안되다：〜（し）なければならない	
약속은 지키**지 않으면 안돼요**.	約束は守らなければなりません.
제가 가**지 않으면 안됩니다**.	私が行かなければなりません.

10　〜지 말다：〜（し）てはいけない，（する）な	
담배를 피우**지 마세요**.	タバコを吸わないでください.
잔디에 들어가**지 마십시오**.	芝生に入らないでください.

11 　〜지요?：〜(し)ますよね〈確認〉	
이 선생님이시**지요?**	李先生でいらっしゃいますよね.
이 버스는 박물관으로 가**지요?**	このバスは博物館へ行きますよね.

＊用言の語幹が子音か母音かにより付ける形が異なる語尾

12 　〜(으)러：〜(し)に〈目的〉	
밥을 먹**으러** 식당에 가요.	ご飯を食べに食堂へ行きます.
책을 빌리**러** 도서관에 갑니다.	本を借りに図書館へ行きます.

13 　〜(으)면：〜(す)れば，(し)たら〈仮定・条件〉	
편지를 받**으면** 반가워요.	手紙をもらったら嬉しいです.
방학이 되**면** 한국에 가요.	休みになったら韓国へ行きます.

14 　〜(으)면서：〜(し)ながら〈同時動作〉	
음악을 들**으면서** 공부해요.	音楽を聞きながら勉強します.
글자를 쓰**면서** 외웁니다.	文字を書きながら覚えます.

15 　〜(으)니까：〜(する)から〈原因・理由〉	
준비하고 있**으니까** 좀 기다리세요.	準備中なので少し待ってください.
비가 오**니까** 내일 만나요.	雨が降るから明日会いましょう.

16 　〜(으)ㄹ 테니까：〜(する)だろうから〈推量・意図〉	
비가 올 **테니까** 우산을 갖고 가세요.〈推量〉	雨が降るでしょうから， 傘を持って行ってください.
1 시에 갈 **테니까** 기다리세요.〈意図〉	1 時に行きますから待っていてください.

17 　〜(으)ㄹ 것이다：〜(する)だろう〈推量〉	
주말에는 시간이 없을 **거예요**.	週末には時間がないでしょう.
내일은 날씨가 나쁠 **것입니다**.	明日は天気が悪いでしょう.

18 　〜(으)ㄹ 수 있다：〜(する)ことができる〈可能〉 　　〜(으)ㄹ 수 없다：〜(する)ことができない〈不可能〉	
운전을 할 **수 있어요**.	運転することができます.
한자를 읽을 **수 없어요**.	漢字が読めません.

19 ~(으)ㄴ 적이 있다 : ~(し)たことがある〈経験あり〉	
~(으)ㄴ 적이 없다 : ~(し)たことがない〈経験なし〉	
질문을 받은 적이 있어요.	質問を受けたことがあります.
한국에 가 본 적이 없습니다.	韓国に行ったことがありません.

20 ~(으)ㄹ 줄 알다 : ~(する)ことができる〈可能〉, ~(する)と思う〈推量〉	
~(으)ㄹ 줄 모르다 : ~(する)ことができない〈不可能〉, ~(する)と思わない〈推量〉	
자전거를 탈 줄 알아요? (可能)	自転車に乗れますか.
이렇게 추울 줄 몰랐어요. (推量)	こんなに寒いとは思いませんでした.

*用言の語幹が陽母音か陰母音かにより付ける形が異なる語尾

21 ~아서 / 어서 / 여서 : ~(し)て〈先行・原因・様態〉	
집에 가서 전화하겠어요. (先行)	家に帰って電話します.
감기에 걸려서 결석했어요. (原因)	風邪をひいて欠席しました.
친구에게 연락해서 같이 갔어요. (様態)	友達に連絡して一緒に行きました.

22 ~아도 / 어도 / 여도 좋다	
~아도 / 어도 / 여도 괜찮다	
~아도 / 어도 / 여도 되다 : ~(し)てもいい〈許諾〉	
이제 가도 좋아요.	もう行ってもいいです.
담배를 피워도 괜찮아요?	タバコを吸ってもいいですか.
밤 늦게 전화해도 돼요?	夜遅く電話してもいいですか.

23 ~아야 / 어야 / 여야 하다	
~아야 / 어야 / 여야 되다	
: ~(し)なければならない, ~(する)べきだ〈義務〉	
사전을 사야 돼요.	辞書を買わなければなりません.
이 일을 마쳐야 해요.	この仕事を終えなければなりません.
공부해야 합니다.	勉強しなければなりません.

24 ~아 / 어 / 여지다 : ~(し)くなる, (さ)れる	
발음이 좋아졌습니다.	発音が良くなりました.
밤에는 추워집니다.	夜には寒くなります.
교실이 조용해졌어요.	教室が静かになりました.

◆用言の連体形

連体形		用　例	訳
現在	動詞 는	한국어를 공부하는 학생	韓国語を勉強している学生
		서울에 사는 친구	ソウルに住んでいる友だち
	形容詞 ㄴ／은	비싼 물건	高い品物
		너무 먼 곳	あまりにも遠いところ
		키가 작은 사람	背が低い人
	指定詞 ㄴ	의사인 아버지	医者である父
過去	動詞 ㄴ／은	어제 본 영화	昨日見た映画
		어제 문을 연 가게	昨日開店した店
		작년에 읽은 소설	去年読んだ小説
回想・大過去	動詞・形容詞・指定詞 던 았던／었던／였던 았었던／었었던／였었던	어릴 때 먹던 음식	幼い頃食べていた食べ物
		곱던 얼굴	きれいだった顔
		바빴던 회사원 시절	忙しかった会社員の頃
		학생이었던 시절	学生だった時
		자주 갔었던 식당	たびたび行った食堂
		공부했었던 적이 있다	勉強していたことがある
未来	動詞 ㄹ／을	내일 만날 장소	明日会う場所
		우리가 살 집	私たちが住む家
		내일 입을 옷	明日着る服
	指定詞 ㄹ	지금쯤 대학생일 조카	今ごろ大学生であろう甥

韓日単語索引

*数字は単語が出てくる課を表します. また, ㊞は「数詞のまとめ」, ㊞は「助詞のまとめ」を表します.

ㄱ

가게 店 11, 13
가깝다 近い 24
가끔 たまに 23
가다 行く, 帰る 2, 14, 16, 17, 18, 19, 20, 21, 23, 24, ㊞
가르치다 教える 17
가방 カバン 8, 14, 18, 23
가을 秋 8, 14
~가/이 ~が〈助詞〉 12, 15, 16, 19, 20, 23, ㊞
~가/이 아니다 ~ではない 12, 15
~가/이 아니에요. ~ではありません 15
~가/이 아니에요? ~ではありませんか 15
~가/이 아닙니까? ~ではありませんか 12
~가/이 아닙니다. ~ではありません 12
가족 家族 12, 16
가지다 持つ 23
가치 価値 6
감기 風邪〈感気〉 15
감사하다 感謝する〈感謝-〉 23
감상 鑑賞 22
값 値段 8
강 河〈江〉, 川 8
같다 同じだ, 同様だ 14
같이 一緒に 14, 16, 20, 21, 23
개¹ 犬 20, ㊞
개² ~個 ㊞
거기 そこ 2, 13
거의 ほとんど, ほぼ 14
건물 建物 13
걸다 かける 22
걸리다 (日時などが)かかる, (風邪などに)かかる 16, 24, ㊞
것 もの, こと 13, 19
겉 表 8
~겠~〈用言の意志・推量・婉曲表現〉 20
겨울 冬 8, 13, 14
결혼 結婚 21
결혼하다 結婚する〈結婚-〉 19

경복궁 景福宮〈朝鮮時代の宮殿〉 21
경제학 経済学 12
계시다 いらっしゃる 17, 18, 24
~고 ~(し)て 23
~고 싶다 ~(し)たい 21, 22, 23
~고 있다 ~(し)ている 22
고기 肉 2
고등학교 高校〈高等学校〉 24
고등학생 高校生〈高等学生〉 11, 12, 24
고맙다 ありがたい 24
고양이 猫 20
고프다 (お腹が)すく 5, 24
곧 すぐ 8, 20
곱다 美しい 24
곳 ところ, 場所, 場 13
공 ゼロ, 空 ㊞
공무원 公務員 11, 12, 17
공부 勉強〈工夫〉 22, 24
공부하다 勉強する〈工夫-〉 13, 14, 16, 17, 20, 22, 23
공원 公園 23, 24
~과/와 ~と〈助詞〉 14, 19, ㊞
과일 果物 20
괜찮다 大丈夫だ 23
교과서 教科書 7, 12, 13, 18
교수님 教授〈教授-〉 17
교실 教室 18
구 九 2, 15, ㊞
구두 靴 2, 17, 18, 19
구월 九月 14
국민 国民 9
굳이 敢えて 9
권 冊〈巻〉 ㊞
귀 耳 7
귤 ミカン〈橘〉 20
그 その 12, 13, 16, 19, 20, 23, 24, ㊞
그것 それ 12, 13, 18
그곳 そこ 13
그러나 しかし 15
그런데 ところが, ところで 15, 23
그럼 それでは, では 15, 18, 21, 23
그렇다 そうだ 17, 19, 21
그리고 そして 15
그리다 描く 18
그림 絵, 絵画, 図 18

근처 近所, 付近 24
금요일 金曜日 11, 19
기다리다 待つ 13, 18, 21, ㊞
기자 記者 12
기차 汽車 5
길다 長い 13, 14, 24
김 金〈韓国人の姓〉 11, 17
김치 キムチ 8, 20, 22, 24
~까지 ~まで〈助詞〉 16, 17, 18, 23, 24, ㊞
까치 カササギ 6
~께 ~に〈助詞〉 17, 19, ㊞
~께서 ~が〈助詞〉 17, 18
~께서는 ~は〈助詞〉 17, 18, 24
꼭 ぜひ, 必ず 21, 22, 23
꽃 花 9
꽃집 花屋 20
끄다 (火, 電気などを)消す, 止める 6
끝나다 終わる, 済む 19, 21, 23

ㄴ

나 私 11
나라 国 4
나쁘다 悪い 6
나이 年 17
낚시 釣り 22
날씨 天気 12, 14
남다 残る 21
남동생 弟〈男同生〉 22, 24
남자 男子, 男性 11, 20
남쪽 南側〈南-〉 24
낮 昼, 昼間 8
내 私の 11
내년 来年 19
내리다 降りる 14, 20, 24
내일 明日〈來日〉 11, 15, 16, 18, 20, 22
냉면 冷麺 20
너무 あまりにも 16, 19, 21, 23, 24
네¹ はい 13, 14, 21
네² 四つの 15, ㊞
넷 四つ ㊞
년 年 ㊞
노래 歌 5
노래방 カラオケルーム〈-房〉 19, 20
노래하다 歌う 19
노트 ノート 14
녹차 緑茶 20

놀다　遊ぶ　　　　　21, 22, 23, 24
농구　バスケットボール〈篭球〉　20
누구　誰　　　　　　4, 11, 12
누나　（弟から）姉　4, 13, 16, 19, 22
눈　目, 雪　　　　　8, 14
〜는/은　〜は〈助詞〉　11, 12, 15,
　16, 19, 20, 21, 23, 24,〈助〉
늦다　遅い　　　　　16, 17

ㄷ

다　すべて, 全部　　18, 23
다니다　通う　　　　16, 17,〈助〉
다리　脚, 橋　　　　4
다섯　五つ　　　　　〈数〉
다음번　次回　　　　21
다음주　来週(-週)　19, 20, 23
단어　単語　　　　　22
닫다　閉める, 閉じる　18, 21
달　月　　　　　　　8
닭　鶏　　　　　　　8
대구　大邱〈地名〉　14
대단히　とても, 非常に　19, 22
대학　大学　　　　　15
대학생　大学生　　　11, 12
댁　お宅, ご自宅　17, 18, 24
댄스　ダンス　　　　22
더　もっと　　　　　2, 21
덕수궁　徳寿宮〈朝鮮時代の宮殿〉　　　　　24
덥다　暑い　　　　13, 14, 20, 24
덮개　蓋　　　　　　9
〜도　〜も〈助詞〉　14, 17, 20,〈助〉
도끼　斧　　　　　　6
도서관　図書館　8, 12, 13, 17,
　19, 21, 23, 24,〈助〉
도착하다　到着する(到着-)　9
독서　読書　　　　　22
돈　お金　　　　　21, 23
돌아오다　帰ってくる, 戻る　17
돕다　手伝う　　　　24
동대문　東大門　　　19
동물　動物　　　　　20
동생　弟, 妹〈同生〉　20, 22
동쪽　東側(東-)　　24
돼지　豚　　　　　　7
되다　なる　　　　7, 16, 19
된장　味噌(-醤)　　16, 20
된장찌개　味噌鍋(-醤-)　16, 20
두　二つの　　　　21,〈数〉
두 사람　二人　　　12
두다　置く　　　　　2

둘　二つ　　　　　20,〈数〉
뒤　後ろ　　　　　7, 21
드라마　ドラマ　　　22
드시다　召し上がる　17, 20
듣다　聞く, 聴く　　〈助〉
등산　登山　　　　20, 22
따다　摘む, 取る　　6
따뜻하다　暖かい　　23
딸　娘　　　　　　　17
떠나다　離れる　　17,〈助〉
또　また　　　　　　6

ㄹ

〜ㄹ까요?　〜（し）ましょうか
　　　　　　　　　21, 24
〜라고 하다　〜と言う　17
〜라는　〜と言う〈連体形〉　21
〜러　〜（し）に　　23, 24
〜로/으로　〜へ, 〜で〈助詞〉
　　　　　　　17, 24,〈助〉
〜를/을　〜を〈助詞〉　13, 16, 17,
　18, 19, 20, 21, 22,〈助〉
〜를/을 만나다　〜に会う　23
〜를/을 싫어하다　〜を嫌う,
　〜が嫌いだ　　　20
〜를/을 좋아하다　〜を好む,
　〜が好きだ　　　20

ㅁ

마리　匹　　　　　　〈数〉
마시다　飲む　13, 14, 16, 19, 21,
　22, 23, 24
마음　心　　　　　　8
마흔　四十　　　　　〈数〉
〜만　〜だけ〈助詞〉　18
만　万　　　　　　　〈数〉
만나다　会う　　　16, 21, 23
만들다　作る　13, 17, 23, 24
많다　多い　8, 14, 16, 17, 19, 23
많이　多く, たくさん　20
말　話, 言葉　　　　17
말씀　お話　　　　　17
말씀하시다　おっしゃる　17, 18
말하다　話す, 言う　17, 22
맛있다　おいしい, うまい
　　　　　　　　13, 19, 20
맞다　合う, 当たる　16
매우　たいへん, とても　13
매일　毎日　10, 14, 17, 22
맵다　辛い　　　　　24
머리　頭, 髪　　　　4
먹다　食べる　13, 14, 16, 17, 20,

　21, 22, 23, 24,〈助〉
멀다　遠い　13, 16, 17, 18, 21,
　22, 23, 24
멋있다　格好いい, 素敵だ, 立派だ
　　　　　　　　　　19
메일　メール　　　13,〈助〉
며칠　何日　　　　10, 15
〜면/으면　〜（す）れば　24
명　〜名　　　　　16,〈数〉
몇　幾つ　　　　15, 16,〈数〉
몇 시　何時　　　　9, 15
몇 월　何月　　　　15
모두　皆, すべて, 全部　21, 23
모르다　分からない, 知らない
　　　　　　　　　17, 20
모자　帽子　　　15, 16, 18
목요일　木曜日　　　19
몸　体　　　　　　　8
못〜　〈動詞の不可能表現〉　22
무슨　何の　　　　13, 15
무얼　何を　　　　　19
무엇　何　8, 12, 13, 15, 18
문　ドア(門)　　　　21
문제　問題　　　　　24
문학　文学　　　　　12
물　水　　　　　　　18
뭘　何を　18, 19, 20, 21, 23
미국　米国(美国), アメリカ　12
밑　底, 真下　　　　8

ㅂ

〜ㅂ니까?　〜ますか／ですか
　〈합니다体〉　　　13
〜ㅂ니다.　〜ます／です
　〈합니다体〉　　　13
〜ㅂ시다　〜（し）ましょう　21
바다　海　　　　　　2
바로　すぐ, まっすぐに　24
바쁘다　忙しい　　14, 23
바지　ズボン　3, 14, 19, 21
박　朴〈韓国人の姓〉　17
밖　外　　　　　8, 9, 21
반갑다　（出会って）嬉しい　24
반찬　おかず〈飯饌〉　8
받다　もらう, 受ける　8, 16,
　17, 18, 19
발　足　　　　　　　8
발음　発音　　　　　24
밤　夜　　　　　　14, 17
밥　飯, ご飯　8, 17, 23, 24
방　部屋(房)　　　22, 23

방학 (学校の)休み(放学) 15, 21
배¹ 梨 5, 17, 20, 24
배² お腹, 船 5, 24
배우다 学ぶ, 習う 13, 16, 19, 21, 22, (助)
백 百 (数)
백화점 デパート(百貨店) 14, 19
버리다 捨てる 20
버스 バス 3, 17, 23, (助)
번 回, 度(番) 15, (数)
번호 番号 15
법학 法学 9
벗다 脱ぐ, (帽子や眼鏡を)取る 18
벚 桜 8
변호사 弁護士 12
별로 そんなに, それほど, 別に 19, 20
병 瓶 20, (数)
병원 病院 8, 12, 13, 15, 16, 24
보내다 送る 13, 16, 19, (助)
보다 見る 2, 13, 16, 19, 21, 22, 23
보통 普通, 普段 23
봄 春 8, 14, 21
봄방학 春休み(-放学) 21
부모님 ご両親, 両親(父母-) 19
부산 釜山〈地名〉 14
부엌 台所 8
부탁하다 頼む, 願う(付託-) 11
~부터 ~から〈助詞〉 14, 15, 20, (助), (数)
북쪽 北側(北-) 24
분¹ 方〈尊敬語〉 12, 13, 17, 24, (助)
분² 分 16, 24, (数)
불고기 プルゴギ 20
비 雨 2, 6, 14, 20, 23
비다 空く 6
비빔밥 ピビンバ 20
비싸다 (値段が)高い 6, 16, 18, 20, 23
빠르다 速い 13
빨리 速く 18
빵 パン 8
빵집 パン屋 20
삐다 挫く 6

ㅅ

사 四 3, (数)
사과 リンゴ(沙果) 7, 20, 23
사다 買う 6, 19, 23
사람 人 8, 11, 12, 13, 19, (数)

사랑 愛 8, 10
사랑하다 愛する 16
사월 四月 14
사이 間 3
사장님 社長(社長-) 17
사전 辞書, 辞典 22
사진 写真 18, 19, 21
삯 代金 8
살 歳 15, (数)
살다 住む, 暮らす, 生きる 16, 17, 24
삶 生き方 8
삼 三 (数)
삼월 三月 14
새 鳥 20
생신 お誕生日(生辰) 17
생일 誕生日(生日) 15, 17, 19
서다 立つ 16, 19
서른 三十 (数)
서울 ソウル〈韓国の首都〉 8, 14
서쪽 西側(西-) 24
선물 プレゼント(膳物) 19, 23
선생님 先生(先生-) 8, 11, 17, 18, 21, 24, (助)
성함 お名前(姓銜) 17
세 三つの (数)
세수하다 顔を洗う(洗手-) 23
~세요. ~なさいます, ~されます, ~てください 18
~세요? ~なさいますか, ~されますか 18
셋 三つ (数)
소 牛 3
소방서 消防署 15
속 内, 中 21
손 手 8, 23
손님 客 12
수박 スイカ 20
수업 授業 11, 12, 13, 14, 15, 16, 18, 19, 23, (助), (数)
수업시간 授業時間 12
수영 水泳 22
수요일 水曜日 19
수원 水原〈地名〉 16
수집 収集 22
수학 数学 12
숙제 宿題 19, 23
숟가락 スプーン 9
술 酒, お酒 17, 20, 22
쉬다 休む 16, 18, 21, 23

쉰 五十 (数)
쉽다 易しい 9, 24
스무 二十の 15, (数)
스무 살 二十歳 15
스물 二十 (数)
스포츠 スポーツ 22
~습니까? ~ますか/ですか〈합니다体〉 13
~습니다. ~ます/です〈합니다体〉 13
시 時 3, 15, 16, 17, 18, 19, 21, 24, (数)
시간 時間 12, 16, 23, 24, (助)
시계 時計 4, 18
시월 十月 14
~시/으시~〈합니다体の尊敬表現〉 17
시작하다 始める(始作-) 16
시작되다 始まる(始作-) 14, 20, (助)
시장 市場 13, 19, 23, (助)
시키다 させる, 注文する 19, 20
시청 市役所(市庁) 24
시험 試験 2, 15, 21, 24
식당 食堂 11, 14, 15
식사하다 食事する(食事-) 16
신다 履く 22
신라 新羅 9
신문 新聞 13, 14, 19
신발 履き物, 靴 22
실내 室内 9
싫어하다 嫌う, 嫌がる, 嫌いだ 20
십 十 (数)
십구 十九 (数)
십사 十四 (数)
십삼 十三 (数)
십오 十五 (数)
십육 十六 (数)
십이 十二 (数)
십이월 十二月 14
십일 十一 15, (数)
십일월 十一月 14
십칠 十七 (数)
십팔 十八 (数)
싸다 (値段が)安い 6, 19, 23
쓰다 書く, 使う, かぶる, かける 6, 13, 14, 17, 18, 22, (助)
씨 ~さん(氏) 6, 11, 12, 15, 16, 17, 18
씻다 洗う 23

ㅇ

아뇨 いいえ	4, 12, 15, 19, 21, 22
아니다 いや, 違う	12, 15
아들 息子	17
아래 下	21
아버지 父, お父さん	3, 11, 14, 17, 18
～아요. ～ます／です 〈해요体〉	16
～아요? ～ますか／ですか 〈해요体〉	16
아이 子供	1
아저씨 おじさん	6
아주 とても, たいへん	13, 16, 19, 21, 24
아주머니 おばさん	11
아직 まだ	15, 16, 19, 22, 23
아침 朝, 朝食	16, 18, 20, 24
아파트 マンション	5
아프다 痛い	5
아홉 九つ	18, 24,(数)
아흔 九十	(数)
안 内, 中	21
안～ 〈用言の否定表現〉	14, 16, 17, 19, 20
안경 眼鏡	14, 15, 17, 18
안녕 安寧	11
앉다 座る	8, 18, 21
알다 分かる, 知る	18, 19, 20, 24
～았～ 〈用言の過去・完了表現〉	19
앞 前	8, 21
야구 野球	2, 20
약속 約束	9, 15, 16, 19, 22
양말 靴下(洋襪)	19
어깨 肩	6
어느 どの	4, 13, 17
어느 것 どれ	13
어느 곳 どこ	13
어느 분 どの方	17
어디 どこ	2, 11, 12, 13, 15, 16, 17, 18, 19, 24
어떻게 どのように	9, 10
어떻다 どうだ	14, 19, 21, 24
어렵다 難しい	13, 14, 24
어머니 母, お母さん	4, 11, 12, 14, 16, 17, 18, 20
어서 どうぞ, はやく	3, 18, 20

～어요. ～ます／です 〈해요体〉	16
～어요? ～ますか／ですか 〈해요体〉	16
어제 昨日	4, 12, 15, 19, 22, 23
억 億	(数)
언니 (妹から)姉	10, 16, 19, 22, 23,(助)
언어학 言語学	12
언제 いつ	11, 12, 15, 17, 18
언제나 いつも	24
얼굴 顔	8
얼마 いくら	12, 18,(数)
얼마나 どのぐらい	24
없다 ない, いない	13, 15, 16, 23,(助)
～었～ 〈用言の過去・完了表現〉	19
～에 ～に〈助詞〉	16, 17, 18, 19, 20, 21, 23, 24,(助)
～에게 ～に〈助詞〉	19,(助)
～에게서 ～から〈助詞〉	(助)
～에는 ～には〈助詞〉	14, 16, 18, 19, 21, 22
～에서 ～で, ～から〈助詞〉	13, 14, 16, 17, 18, 19, 20, 21, 22, 23, 24,(助)
～에서는 ～では〈助詞〉	14, 18, 20, 22
여기 ここ	2, 13, 14, 20, 21, 22, 23, 24
여덟 八つ	8, 17,(数)
여동생 妹(女同生)	11, 19
여든 八十	(数)
여름 夏	8, 14, 15
여름방학 夏休み(-放学)	15
여보세요 もしもし	17
여섯 六つ	(数)
～여요. ～ます／です 〈해요体〉	16
～여요? ～ますか／ですか 〈해요体〉	16
여우 狐	1
여유 余裕	1
여자 女子, 女性	3, 20
여행 旅行	18, 20, 22
역 駅	23
연락 連絡	9,(助)
연세 お歳(年歳)	17
연필 鉛筆	15,(助)

열 十	15,(数)
열네 十四の	(数)
열다 開ける, 始める, 開く	18, 21, 24
열두 十二の	19,(数)
열세 十三の	(数)
열심히 一生懸命, 熱心に	20
열아홉 十九	15
열한 十一の	(数)
～였～ 〈用言の過去・完了表現〉	19
영 零, ゼロ	(数)
영어 英語	13, 22
영화 映画	16, 19, 20, 21, 23,(助)
옆 横, 隣	8, 21, 24
예 はい	4, 11, 14, 17, 18, 20, 23, 24
예쁘다 かわいい, きれいだ	6, 13, 23
예순 六十	(数)
～예요. ～です〈해요体〉	15
～예요? ～ですか〈해요体〉	15
오 五	1,(数)
오늘 今日	10, 11, 13, 15, 16, 17, 19, 21, 22
오다 来る, 降る	2, 14, 16, 17, 18, 19, 20, 22, 23, 24,(助)
오른쪽 右側	24
오빠 (妹から)兄	6, 15, 16, 18, 22
오월 五月	14
오이 キュウリ	1
오전 午前	15, 21
오후 午後	3, 15, 19, 21
올해 今年	19
옷 服	8, 20
～와/과 ～と〈助詞〉	14, 16, 19, 20,(助)
왜 何故	7, 12
왼쪽 左側	24
요 敷き布団	1
요리 料理	17, 18, 20, 22
요리사 コック(料理師)	12
요리하다 料理する(料理-)	17
요일 曜日	15
요즘 この頃	22
우리 私たち	4, 11, 18, 21, 23
우리 집 わが家	23
우산 傘(雨傘)	18, 19, 23
우유 牛乳	1, 16

우체국　郵便局(郵遞局)　8, 11	이 분　この方　12, 24	〈합니다体〉　11
우표　切手(郵票)　5, 22	～이/가　～が〈助詞〉　12,(助)	입다　着る　16, 24
운동　運動　16, 20, 22	～이/가 아니다　～ではない　12, 15	있다　ある, いる　8, 13, 14, 16, 17, 18, 24,(助)
운동하다　運動する(運動-)　14, 16, 22	～이/가 아니에요?　～ではありませんか　15	ㅈ
운동화　運動靴　18	～이/가 아니에요.　～ではありません　15	자다　寝る　3, 6, 17, 22,(助)
운전하다　運転する(運転-)　22	～이/가 아닙니까?　～ではありませんか　12	작년　昨年　19
원　ウォン〈韓国の通貨単位〉　18,(數)	～이/가 아닙니다.　～ではありません　12	작다　小さい　14, 16, 17, 21
월　～月　15,(數)	이건　これは　18	잔　～杯(盞)　24,(數)
월요일　月曜日　16, 19	이것　これ　12, 13, 15,(助)	잘　よく　11, 18, 20
위　上　7, 21	이곳　ここ　11, 13	잘하다　上手だ, うまくやる　22
유아　幼児　1	이다　～だ, ～である　15, 17	잡수시다　召し上がる　17, 18, 20
유월　六月　14	～이라고 하다　～と言う　17	잡지　雑誌　13
유학생　留学生　11	～이라는　～と言う〈連体形〉　21	장　～枚(張)　(數)
육　六　(數)	이름　名前　10, 11, 12, 15, 17,(助)	장마　梅雨　14
～으로　～(し)に　23	이번　今回, 今度(-番)　21, 24	재미없다　おもしろくない　23
～으로/로　～で、～へ〈助詞〉　17, 24,(助)	이번주　今週　19, 23, 24	재미있다　おもしろい　13, 24
～으면/면　～(す)れば　24	이십　二十　(數)	저¹　私〈謙譲語〉　11, 12, 13, 15, 22
～으세요.　～なさいます, ～されます, ～てください　18	이야기　話　2, 23	저²　あの　11, 12, 13
～으세요?　～なさいますか, ～されますか　18	～이에요.　～です〈해요体〉　15	저것　あれ　13
～으시/시～　〈합니다体の尊敬表現〉　17	～이에요?　～ですか〈해요体〉　15	저곳　あそこ　13
～은/는　～は〈助詞〉　11, 13, 14, 15, 16, 17, 20, 21, 23,(助)	이월　二月　14	저기　あそこ　12, 13, 15
은행　銀行　13, 18, 21, 23	이유　理由　1	저녁　夕方, 夕食　14
～을까요?　～(し)ましょうか　21	이쪽　こちら　18	저희　私たち〈謙譲語〉　7, 11
～을/를　～を〈助詞〉　17, 18, 19, 21, 23, 24,(助)	이후　以後　17	적다　少ない　19
～을/를 만나다　～に会う　23	인분　～人前(人分)　20,(數)	전공　専攻　12
～을/를 싫어하다　～を嫌う, ～が嫌いだ　20	인터넷　インターネット　13, 22	전부　すべて, 全部　22, 23
～을/를 좋아하다　～を好む, ～が好きだ　20	일¹　一　(數)	전철　電車(電鉄), 地下鉄　17, 24
음식　食べ物　20	일²　日　15,(數)	전혀　全く, 全然　22
음식점　飲食店　20	일³　仕事　13, 14, 16, 19	전화　電話　15, 22
음악　音楽　20, 21, 22	일곱　七つ　(數)	전화번호　電話番号　12, 15,(數)
～읍시다.　～(し)ましょう　21, 24	일본　日本　11, 12, 16, 24	전화하다　電話する(電話-)　14, 18, 22, 23,(助)
～의　～の〈助詞〉　14,(助)	일본사람　日本人(日本-)　11, 12	점심　昼, 昼食(点心)　15, 16, 21
의사　医者(医師)　7, 11, 12, 13	일본어　日本語　13	점원　店員　18
의자　椅子　7, 12	일어나다　起きる, 生じる　18, 20	젓가락　箸　17,(助)
이¹　李〈韓国人の姓〉　11, 17	일요일　日曜日　14, 19, 21	정도　程度　16, 24
이²　この　11, 12, 13, 14, 15, 16, 17, 19, 20, 21, 23, 24	일월　一月　14	정말　本当, 本当に　10, 15, 16, 23
이³　二, 歯　1,(數)	일찍　早く　17, 20, 21,(助)	정보공학　情報工学　12
	일하다　働く　13, 14, 16, 19	정치학　政治学　12
	일흔　七十　(數)	제　私の〈謙譲語〉　11, 12, 13, 15, 18, 22, 24,(數)
	읽다　読む　8, 13, 14, 16, 17, 18, 19, 21, 24	제일　一番(第一), 最も　13, 24
	입 口　8	조　兆　(數)
	～입니까?　～ですか〈합니다体〉　11, 13, 15	조선　朝鮮　8
	～입니다.　～です	좀　ちょっと, 少し　13, 16, 18, 20, 21, 24
		종업원　従業員　20
		좋다　よい, いい　9, 13, 14, 16, 19, 21, 23, 24

좋아하다　好む, 好きだ　16, 20, 21

주다　くれる, やる, あげる　16, 18, 19, 20, 23

주말　週末　14, 16, 21, 23

주무시다　お休みになる　17

주소　住所　3, 12

주스　ジュース　20, 21

주일　週間(週日)　数

중국　中国　12

중국어　中国語　13

중학생　中学生　11

~지 못하다　~できない　22, 23

~지 않다　〈用言の否定表現〉　14, 16, 17, 19, 20

지갑　財布(紙匣)　8, 14, 15

지금　今(只今)　12, 15, 17, 22, 24

지난달　先月　19

지난번　前回(-番)　21

지난주　先週(-週)　19, 22

~지만　~だが, ~するけれど　23

지키다　守る　5

지하철　地下鉄, 電車　12, 13, 助

직업　職業　9

진지　ご飯, お食事　17

집　家, 店　8, 12, 13, 14, 16, 17, 20, 21, 23, 24, 助

짜다　塩辛い, しょっぱい　6, 16

짧다　短い　8, 23

찌개　鍋, チゲ　16, 20

찍다　撮る　18, 19, 21

ㅊ

차다　冷たい　5, 6

참　本当に, まことに, 実に, とても　20, 24

창문　窓(窓門)　18, 21

찾다　探す, (辞書を)ひく, (預金を)おろす　18, 21, 22, 23

책　本(冊)　8, 12, 13, 14, 15, 17, 助

책상　机(冊床)　12

처음　はじめて　12

천　千　数

천천히　ゆっくり　18

초　秒　数

최　崔〈韓国人の姓〉　17

축구　サッカー(蹴球)　20

축하하다　祝う(祝賀-)　15

춥다　寒い　13, 14, 20, 24

취미　趣味　7, 15, 22

층　階(層)　15, 数

치마　スカート　5, 19, 23

친구　友だち(親旧)　10, 11, 12, 14, 16, 19, 20, 22, 23, 24, 助

칠　七　15, 数

칠월　七月　14

ㅋ

커피　コーヒー　5, 19, 20, 24

컴퓨터　コンピューター, パソコン　12

코　鼻　5

콜라　コーラ　20

크다　大きい　5, 6, 18, 20, 23

키　背　5, 23

ㅌ

타다　乗る　5, 6, 23

택시　タクシー　23

토끼　ウサギ　6

토요일　土曜日　11, 16, 19, 21

ㅍ

팔　八　数

팔다　売る　14, 18, 21, 23, 24

팔월　八月　14

펴다　広げる　16

편의점　コンビニ(便宜店)　20

편지　手紙(便紙)　18

편하다　楽だ(便-)　24

피　血　6

피다　咲く　6

피씨방　インターネットカフェ (PC房)　20

ㅎ

~하고　~と〈助詞〉　14, 20, 助

하나　一つ　16, 数

하다　する　3, 14, 16, 17, 18, 19, 22, 23

학교　学校　9, 11, 12, 13, 16, 17, 18, 19, 21, 23, 24, 助

학년　年生(学年)　9, 15, 数

학생　学生　11, 15, 23

학생들　学生たち(学生-)　23

한　一つの　16, 数

한 시간　一時間　16

한 잔　一杯(-盞)　24

한국　韓国　8, 11, 12, 17, 19, 20, 21, 22, 24

한국사람　韓国人(韓国-)　11

한국어　韓国語　12, 13, 14, 17, 18, 19, 22, 24, 助

한글　ハングル　21

한번　一度　23

~한테　~に〈助詞〉　助

~한테서　~から〈助詞〉　助

할머니　おばあさん, 祖母　11, 17, 18

할아버지　おじいさん, 祖父　17, 18

항상　いつも　24

행인　通行人(行人)　24

허리　腰　4

혀　舌　3

형　(弟から)兄　8, 11, 15, 16, 18, 22, 23, 助

형제　兄弟　13, 16, 21

화요일　火曜日　19, 21

화장실　トイレ(化粧室)　8, 13, 15, 23

회사　会社　7, 13, 16, 17

회사원　会社員　11, 12, 17, 18

日韓単語索引

あ行

愛　사랑
愛する　사랑하다
間　사이
会う　만나다
合う　맞다
敢えて　굳이
秋　가을
空く　비다
開ける　열다
あげる　주다
朝　아침
脚　다리
足　발
明日　내일
あそこ　저곳, 저기
遊ぶ　놀다
暖かい　따뜻하다
頭　머리
当たる　맞다
暑い　덥다
兄　형(弟から), 오빠(妹から)
姉　누나(弟から), 언니(妹から)
あの　저
あまりに　너무
雨　비
アメリカ　미국
洗う　씻다
ありがたい　고맙다
ある　있다
あれ　저것
暗記する　외우다
いい　좋다
いいえ　아뇨
言う　말하다
家　집
生き方　삶
生きる　살다
行く　가다
幾つ　몇
いくら　얼마
以後　이후
医者　의사
椅子　의자
忙しい　바쁘다
痛い　아프다
一　일
一月　일월
イチゴ　딸기
一時間　한 시간

一度　한번
市場　시장
一番　제일
いつ　언제
一生懸命　열심히
一緒に　같이
五つ　다섯
一杯　한 잔
いつも　언제나, 항상
いない　없다
犬　개
今　지금
妹　동생, 여동생
いや　아니다
嫌がる　싫어하다
いらっしゃる　계시다
いる　있다
祝う　축하하다
飲食店　음식점
インターネット　인터넷
インターネットカフェ　피씨방
上　위
ウォン〈韓国の通貨単位〉　원
受ける　받다
ウサギ　토끼
牛　소
後ろ　뒤
歌　노래
歌う　노래하다
内　속, 안
美しい　곱다
うまい　맛있다
うまくやる　잘하다
海　바다
売る　팔다
(出会って)嬉しい　반갑다
運転する　운전하다
運動　운동
運動靴　운동화
運動する　운동하다
絵　그림
映画　영화
英語　영어
描く　그리다
駅　역
鉛筆　연필
おいしい　맛있다
多い　많다
大きい　크다
多く　많이

お母さん　어머니
おかず　반찬
お金　돈
起きる　일어나다
億　억
置く　두다
送る　보내다
お酒　술
おじいさん　할아버지
教える　가르치다
おじさん　아저씨
お食事　진지
遅い　늦다
お宅　댁
お誕生日　생신
お父さん　아버지
お歳　연세
おっしゃる　말씀하시다
弟　동생, 남동생
お腹　배
同じだ　같다
お名前　성함
斧　도끼
おばあさん　할머니
おばさん　아주머니
お話　말씀
おもしろい　재미있다
おもしろくない　재미없다
表　겉
お休みになる　주무시다
降りる　내리다
(金を)おろす　찾다
終わる　끝나다
音楽　음악

か行

〜が〈助詞〉　〜가/이, 〜께서
〜回　번
〜階　층
絵画　그림
会社　회사
会社員　회사원
買う　사다
帰ってくる　돌아오다
帰る　가다
顔　얼굴
顔を洗う　세수하다
かかる　걸리다
書く　쓰다
描く　그리다
学生　학생

141

学生たち 학생들
かける 걸다, 쓰다
傘(雨傘) 우산
カササギ 까치
風邪 감기
家族 가족
肩 어깨
方 분
価値 가치
〜月 월
学校 학교
格好いい 멋있다
必ず 꼭
金 돈
カバン 가방
かぶる 쓰다
髪 머리
通う 다니다
火曜日 화요일
〜から〈助詞〉 〜부터, 〜한테
　시, 〜에게서, 〜에서
辛い 맵다
カラオケルーム 노래방
体 몸
川, 河 강
かわいい 예쁘다
韓国 한국
韓国語 한국어
韓国人 한국사람
感謝する 감사하다
鑑賞 감상
聞(聴)く 듣다
汽車 기차
記者 기자
北側 북쪽
切手 우표
狐 여우
昨日 어제
キムチ 김치
客 손님
九 구
九十 아흔
牛乳 우유
キュウリ 오이
今日 오늘
教科書 교과서
教室 교실
教授 교수님
兄弟 형제
嫌いだ 싫어하다

嫌う 싫어하다
着る 입다
きれいだ 예쁘다
銀行 은행
近所 근처
金曜日 금요일
九月 구월
挫く 삐다
果物 과일
口 입
靴 구두, 신발
靴下 양말
国 나라
暮らす 살다
来る 오다
くれる 주다
経済学 경제학
消す 끄다
結婚 결혼
結婚する 결혼하다
月曜日 월요일
言語学 언어학
〜個 개
こと 것
五 오
公園 공원
高校 고등학교
高校生 고등학생
公務員 공무원
コーヒー 커피
五月 오월
国民 국민
ここ 여기, 이곳
午後 오후
九つ 아홉
心 마음
腰 허리
ご自宅 댁
五十 쉰
午前 오전
こちら 이쪽
コック 요리사
こと 것
今年 올해
言葉 말
子供 아이
この 이
この方 이 분
この頃 요즘
好む 좋아하다

ご飯 밥, 진지
ご両親 부모님
これ 이것
これは 이건
コーラ 콜라
今回 이번
今週 이번주
今度 이번
コンビニ 편의점
コンピューター 컴퓨터

さ行

〜歳 살
財布 지갑
探す 찾다
咲く 피다
昨年 작년
桜 벚꽃
酒 술
させる 시키다
〜冊 권
サッカー 축구
雑誌 잡지
寒い 춥다
三 삼
〜さん 씨
三月 삼월
三十 서른
〜時 시
塩辛い 짜다
次回 다음번
しかし 그러나
四月 사월
時間 시간
敷き布団 요
試験 시험
仕事 일
辞書 사전
下 밑, 아래
舌 혀
七月 칠월
室内 실내
実に 참
辞典 사전
閉める 닫다
市役所 시청
写真 사진
社長 사장님
十 십
十一 십일
十一月 십일월

十一の 열한	捨てる 버리다	頼む 부탁하다
十月 시월	スプーン 숟가락	食べる 먹다
週間 주일	すべて 다, 모두, 전부	たまに 가끔
十九 십구	スポーツ 스포츠	誰 누구
十九 열아홉	ズボン 바지	単語 단어
従業員 종업원	済む 끝나다	男子 남자
十五 십오	住む 살다	誕生日 생일
十三 십삼	する 하다	ダンス 댄스
十三の 열세	座る 앉다	血 피
十七 십칠	背 키	小さい 작다
収集 수집	政治学 정치학	近い 가깝다
住所 주소	席 자리	違う 아니다
ジュース 주스	ぜひ 꼭	地下鉄 전철, 지하철
十二 십이	ゼロ 영, 공	チゲ 찌개
十二月 십이월	千 천	父 아버지
十二の 열두	前回 지난번	中学生 중학생
十八 십팔	先月 지난달	中国 중국
週末 주말	専攻 전공	中国語 중국어
十四 십사	先週 지난주	中国人 중국사람
十四の 열네	先生 선생님	昼食 점심
十六 십육	全然 전혀	注文する 시키다
授業 수업	全部 다, 모두, 전부	兆 조
授業時間 수업시간	そうだ 그렇다	朝食 아침
宿題 숙제	そこ 거기, 그곳	朝鮮 조선
宿題する 숙제하다	底 밑	ちょっと 좀
趣味 취미	そして 그리고	通行人 행인
生じる 일어나다	外 밖	使う 쓰다
上手だ 잘하다	その 그	月 달
情報工学 정보공학	祖父 할아버지	机 책상
消防署 소방서	祖母 할머니	作る 만들다
職業 직업	それ 그것	摘む 따다
食事する 식사하다	それでは 그럼	冷たい 차다
食堂 식당	それほど 별로	梅雨 장마
女子 여자	そんなに 별로	釣り 낚시
しょっぱい 짜다	**た行**	～(し)て ～고
新羅 신라	～だ 이다	手 손
知らない 모르다	～(し)たい ～고 싶다	で〈助詞〉 ～로/으로(手段), ～에서(場所)
知る 알다	大学 대학	～である 이다
新聞 신문	大学生 대학생	程度 정도
図 그림	代金 값	手紙 편지
水泳 수영	大丈夫だ 괜찮다	～できない ～지 못하다
水曜日 수요일	台所 부엌	～てください ～(으)세요.
数学 수학	たいへん 아주, 매우, 대단히	～です ～입니다.
スカート 치마	～だが ～지만	～이에요. ～예요.
好きだ 좋아하다	(値段が)高い 비싸다	～ですか ～입니까?
(お腹が)すく 고프다	たくさん 많이	～이에요? ～예요?
すぐ 곧, 바로	タクシー 택시	手伝う 돕다
少ない 적다	～だけ〈助詞〉 ～만	では 그럼
少し 좀	立つ 서다	～では〈助詞〉 ～에서는
素敵だ 멋있다	建物 건물	

デパート　百貨店
〜ではありません
　　　〜가/이 아닙니다.
　　　〜가/이 아니에요.
〜ではありませんか
　　　〜가/이 아니에요?
　　　〜가/이 아닙니까?
〜ではない　〜가/이 아니다
店員　점원
天気　날씨
電車　지하철
電車　전철
電話　전화
電話する　전화하다
電話番号　전화번호
〜度　번
〜と〈助詞〉　〜과/와, 〜하고
ドア　문
〜という　〜(이)라고 하다
〜という〈連体形〉　〜(이)라는
トイレ　화장실
どうぞ　어서
どうだ　어떻다
到着する　도착하다
動物　동물
同様だ　같다
十　열
遠い　멀다
読書　독서
時計　시계
どこ　어느 곳, 어디
ところ　곳
ところが　그런데
ところで　그런데
登山　등산
歳　나이
図書館　도서관
閉じる　닫다
とても　대단히, 아주, 참, 매우
隣　옆
どの　어느
どの方　어느 분
どのぐらい　얼마나
どのように　어떻게
止める　끄다
友だち　친구
土曜日　토요일
ドラマ　드라마
鳥　새
(帽子や眼鏡を)取る　벗다

撮る　찍다
取る　따다
どれ　어느 것

な行

ない　없다
中　속, 안
長い　길다
〜なさいます　〜(으)세요.
〜なさいますか　〜(으)세요?
梨　배
何故　왜
夏　여름
夏休み　여름방학
七　칠
七十　일흔
七つ　일곱
何　무엇
何を　무얼, 뭘
鍋　찌개
名前　이름
習う　배우다
なる　되다
何月　몇 월
何時　몇 시
何日　며칠
何の　무슨
〜(し)に　〜(으)러
二　이
〜に〈助詞〉　〜에, 〜한테,
　　　〜에게, 〜께
二月　이월
肉　고기
西側　서쪽
二十　스물
二十　이십
二十の　스무
日曜日　일요일
〜には〈助詞〉　〜에는
日本　일본
日本語　일본어
日本人　일본사람
鶏　닭
脱ぐ　벗다
願う　부탁하다
猫　고양이
値段　값
熱心に　열심히
寝る　자다
〜年　년
〜年生　학년

〜の〈助詞〉　〜의
ノート　노트
残る　남다
飲む　마시다
乗る　타다

は行

歯　이
場　곳
〜は〈助詞〉　〜는/은, 〜께서는
はい　네, 예
〜杯　잔
履き物　신발
履く　신다
橋　다리
箸　젓가락
始まる　시작되다
はじめて　처음
始める　열다, 시작하다
場所　곳
バス　버스
バスケットボール　농구
パソコン　컴퓨터
二十歳　스무 살
働く　일하다
八　팔
八月　팔월
八十　여든
発音　발음
花　꽃
鼻　코
話　말, 이야기
話す　말하다
花屋　꽃집
離れる　떠나다
母　어머니
パパ　아빠
速い　빠르다
速く　빨리
はやく　어서, 일찍
春　봄
春休み　봄방학
パン　빵
番号　번호
パン屋　빵집
日　일
東側　동쪽
〜匹　마리
(辞書を)ひく　찾다
非常に　너무, 대단히
左側　왼쪽

144

人 사람
一つ 하나
一つの 한
ビビンバ 비빔밥
百 백
秒 초
病院 병원
開く 열다
昼(食) 점심
昼間 낮
広げる 펴다
瓶 병
付近 근처
服 옷
蓋 덮개
豚 돼지
二つ 둘
二つの 두
二人 두 사람
普段 보통
普通 보통
冬 겨울
降る 오다
プルゴギ 불고기
プレゼント(膳物) 선물
～分 분
文学 문학
～へ〈助詞〉 ～로/으로
別に 별로
部屋(房) 방
勉強(工夫) 공부
勉強(工夫)する 공부하다
弁護士 변호사
法学 법학
帽子 모자
ほとんど 거의
ほぼ 거의
本 책
本当 정말
本当に 정말, 참
ま行
～枚 장
毎日 매일
前 앞
まことに 참
～(し)ましょう ～ㅂ/읍시다.
～(し)ましょうか ～ㄹ/을까요?
～ます/です ～ㅂ/습니다.
　　　～아/어/여요.
～ますか/ですか ～ㅂ/습니까?
　　　～아/어/여요?

また 또
まだ 아직
待つ 기다리다
マッコルリ 막걸리
まっすぐに 바로
全く 전혀
～まで〈助詞〉 ～까지
窓 창문
学ぶ 배우다
守る 지키다
万 만
マンション 아파트
ミカン 귤
右側 오른쪽
短い 짧다
水 물
店 가게, 집
味噌 된장
味噌鍋 된장찌개
三つ 셋
三つの 세
皆 모두
南側 남쪽
耳 귀
見る 보다
難しい 어렵다
息子 아들
娘 딸
六つ 여섯
目 눈
～名 명
眼鏡 안경
飯 밥
召し上がる 드시다, 잡수시다
メール 메일
～も〈助詞〉 ～도
木曜日 목요일
もしもし 여보세요
持つ 가지다
もっと 더
最も 제일
戻る 돌아오다
もの 것
もらう 받다
問題 문제
や行
野球 야구
約束 약속
易しい 쉽다
安い 싸다
(学校の)休み 방학

休む 쉬다
八つ 여덟
やる 주다
夕方 저녁
夕食 저녁
郵便局 우체국
雪 눈
ゆっくり 천천히
よい 좋다
幼児 유아
曜日 요일
よく 잘
横 옆
四つ 넷
四つの 네
読む 읽다
余裕 여유
夜 밤
四 사
四十 마흔
ら行
来週 다음주
来年 내년
楽だ 편하다
立派だ 멋있다
理由 이유
留学生 유학생
両親 부모님
料理 요리
料理する 요리하다
緑茶 녹차
旅行 여행
リンゴ 사과
零 영
冷麺 냉면
～(す)れば ～면/으면
連絡 연락
六 육
六月 유월
六十 예순
わ行
わが家 우리 집
分からない 모르다
分かる 알다
私 나, 저〈謙譲語〉
私たち 우리, 저희〈謙譲語〉
私の 내, 제〈謙譲語〉
悪い 나쁘다
～を〈助詞〉 ～를/을

著者紹介

厳　基珠(オム　キジュ)
専修大学教授、韓国文学専攻

金　三順(キム　サムスン)
専修大学兼任講師、日韓対照言語学・日本語専攻

金　天鶴(キム　チョンハク)
韓国・東国大学校韓国仏教融合学科副教授

申　鉉竣(シン　ヒョンジュン)
専修大学兼任講師、日韓対照言語学・近代日本語専攻

吉川　友丈(よしかわ　ともたけ)
専修大学兼任講師、朝鮮史専攻

韓国語の初歩 三訂版

		2019年 2 月10日　第 1 刷発行		
		2024年 4 月10日　第 7 刷発行		
	厳	基		珠
	金	三		順
著　者 ©	金	天		鶴
	申	鉉		竣
	吉川	友		丈
発行者	岩堀	雅		己
組版所	Ｐ　ワ	ー		ド
印刷所	壮栄企画株式会社			

101-0052東京都千代田区神田小川町3の24
発行所　電話 03-3291-7811(営業部)、7821(編集部)　　　　株式会社　白水社
www.hakusuisha.co.jp
乱丁・落丁本は、送料小社負担にてお取り替えいたします。

振替 00190-5-33228　　　Printed in Japan　　　　株式会社島崎製本

ISBN978-4-560-01794-4

▷本書のスキャン、デジタル化等の無断複製は著作権法上での例外を
除き禁じられています。本書を代行業者等の第三者に依頼してスキャ
ンやデジタル化することはたとえ個人や家庭内での利用であっても著
作権法上認められていません。

パスポート朝鮮語小辞典 ◎朝和＋和朝◎

塚本 勲 監修／熊谷明泰 責任編集／白岩美穂，黄鎮杰，金年泉 編

◇朝和＋和朝でハンディサイズ！　◇韓国の標準語に準拠　◇大きな文字で見やすい版面　◇朝和は23000語，全見出し語にカタカナ発音　◇和朝は6000語，生きた例文が豊富　◇ジャンル別単語・会話集付

（2色刷）B小型　640頁　定価2860円（本体2600円）

韓国語プラクティス100
増田忠幸 著
100の練習で，気持ちをつたえることが自然にできるようになるためのメソッド．
A5判 150頁 定価2420円（本体2200円）【CD2枚付】

改訂版　韓国語文法ドリル
◎初級から中級への1000題
須賀井義教 著
ハン検5〜3級の文法事項のおさらい，弱点強化に．文法問題を強化した改訂版．
B5判 175頁 定価2200円（本体2000円）

絵で学ぶ韓国語文法 [新版]
◎初級のおさらい，中級へのステップアップ
金京子，河村光雅 著
絵を使った解説でわかりやすい！ 音声無料ダウンロード有り．（2色刷）
A5判 282頁 定価2530円（本体2300円）

絵で学ぶ中級韓国語文法
金京子，河村光雅 著　[新版]
絵を用いた簡潔な解説と豊富な練習問題で着実に中級の実力を養成．音声無料ダウンロード有り．（2色刷）
A5判 308頁 定価2860円（本体2600円）

絵で学ぶ 上級への韓国語文法
金京子，河村光雅 著
上級への足場を固める，84の絵を使った丁寧な文法解説．（2色刷）
A5判 292頁 定価3080円（本体2800円）

絵でわかる韓国語のオノマトペ
◎表現が広がる擬声語・擬態語
辛昭静 著
にぎやかな音のニュアンスを楽しく学ぼう．音声無料ダウンロード有り．
四六判 150頁 定価2420円（本体2200円）

絵でわかる韓国語の体の慣用表現
辛昭静 著
身近な体を表す語を使って表現の幅を広げる．
四六判 210頁 定価2420円（本体2200円）

Eメールの韓国語
白宣基，金南听 著
ハングルの入力方法から，様々な場面における文例と関連表現まで．
A5判 185頁 定価2090円（本体1900円）

韓国語発音クリニック [新版]
前田真彦 著
初級者にも中級者にも目からウロコの特効薬が満載！ 音声無料ダウンロード有り．
A5判 161頁 定価2200円（本体2000円）

通訳メソッドできたえる 中級韓国語
前田真彦 著
コミュニケーションの力を着実にアップ！音声無料ダウンロード有り．【CD付】
A5判 167頁 定価2640円（本体2400円）

韓国語 まる覚えキーフレーズ40
張銀英 著　【CD付】
キーフレーズのまる覚えではじめる会話練習．音声アプリ有り．（2色刷）
四六判 119頁 定価2090円（本体1900円）

韓国語形容詞強化ハンドブック
今井久美雄 著
韓国語の形容詞のすべてがここに．音声無料ダウンロード有り．
四六判 287頁 定価2860円（本体2600円）

ステップアップのための韓国語基本文型トレーニング
チョ・ヒチョル，チョン・ソヒ 著
基礎を固め中級へアップ．（2色刷）
A5判 176頁 定価2420円（本体2200円）

中級韓国語単語練習帳
◎ハン検3級準2級 TOPIK 中級
金京子，神農朋子 著
待望の中級編！ 2880語収録．音声無料ダウンロード有り．
四六判 374頁 定価2860円（本体2600円）

韓国語能力試験 TOPIK II 作文対策講座
吉川寿子，キム・テウン 著
対策が難しい作文を，親身な指導で得点源に！
A5判 167頁 定価2310円（本体2100円）

重版にあたり，価格が変更になることがありますので，ご了承ください．

反 切 表

母音 / 子音	ㅏ [a]	ㅑ [ja]	ㅓ [ɔ]	ㅕ [jɔ]	ㅗ [o]	ㅛ [jo]	ㅜ [u]	ㅠ [ju]	ㅡ [ɯ]	ㅣ [i]
ㄱ [k/g]	가	갸	거	겨	고	교	구	규	그	기
ㄴ [n]	나	냐	너	녀	노	뇨	누	뉴	느	니
ㄷ [t/d]	다	댜	더	뎌	도	됴	두	듀	드	디
ㄹ [r]	라	랴	러	려	로	료	루	류	르	리
ㅁ [m]	마	먀	머	며	모	묘	무	뮤	므	미
ㅂ [p/b]	바	뱌	버	벼	보	뵤	부	뷰	브	비
ㅅ [s]	사	샤	서	셔	소	쇼	수	슈	스	시
ㅇ [無音/ŋ]	아	야	어	여	오	요	우	유	으	이
ㅈ [tʃ/ʥ]	자	쟈	저	져	조	죠	주	쥬	즈	지
ㅊ [tʃʰ]	차	챠	처	쳐	초	쵸	추	츄	츠	치
ㅋ [kʰ]	카	캬	커	켜	코	쿄	쿠	큐	크	키
ㅌ [tʰ]	타	탸	터	텨	토	툐	투	튜	트	티
ㅍ [pʰ]	파	퍄	퍼	펴	포	표	푸	퓨	프	피
ㅎ [h]	하	햐	허	혀	호	효	후	휴	흐	히

韓国語の初歩